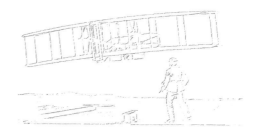

NORTH CAROLINA FIRST FLIGHT

美国北卡罗来纳州

中小学校长和教师评价体系述评

刘丹 著

江苏大学出版社
JIANGSU UNIVERSITY PRESS

镇江

图书在版编目(CIP)数据

美国北卡罗来纳州中小学校长和教师评价体系述评 /
刘丹著. — 镇江：江苏大学出版社，2022.2
ISBN 978-7-5684-1688-7

Ⅰ. ①美… Ⅱ. ①刘… Ⅲ. ①中小学－教师评价－研
究－美国 Ⅳ. ①G635.11

中国版本图书馆 CIP 数据核字(2021)第 225870 号

美国北卡罗来纳州中小学校长和教师评价体系述评
Meiguo Beikaluolaina Zhou Zhong-xiaoxue Xiaozhang
he Jiaoshi Pingjia Tixi Shuping

著　　者/	刘　丹
责任编辑/	汪　勇
出版发行/	江苏大学出版社
地　　址/	江苏省镇江市梦溪园巷 30 号(邮编：212003)
电　　话/	0511-84446464(传真)
网　　址/	http://press.ujs.edu.cn
排　　版/	镇江市江东印刷有限责任公司
印　　刷/	广东虎彩云印刷有限公司
开　　本/	890 mm×1 240 mm　1/32
印　　张/	8
字　　数/	220 千字
版　　次/	2022 年 2 月第 1 版
印　　次/	2022 年 2 月第 1 次印刷
书　　号/	ISBN 978-7-5684-1688-7
定　　价/	59.00 元

如有印装质量问题请与本社营销部联系(电话：0511-84440882)

序

2015 年，刘丹老师当选浙江省名师网络工作室学科带头人，我成为他名义上的导师。在随后的几年时间里，我们一起研修，一起发展，结下了深厚的友谊。他敏而好学、谦虚勤奋，给我留下了深刻印象。后来，他成立了自己的名师工作室，我们经常联合举办教学研讨活动，深入交流探讨教学经验，在工作中擦出新的教育火花。刘老师不仅专业素养和教学水平高，而且阅历丰富，视野开阔，对教育改革和学校管理都有独到的见解。

他善于学习。陶行知说，唯有好学不厌的先生，才能教出学而不厌的学生。教师有了"手不释卷"的追求，才有"诲人不倦"的底气。正如刘老师追求的那样，向书本学，如沐春风；向同行学，博采众长；向实践学，知行合一。他从教普通班到实验班，从英语学科教师到学校管理者，从学校副校长到党总支书记。他的稳步成长、硕果累累都源于好学善学。

他长于思考。杜威说，知道什么叫"思考"的人，不管他是成功或失败，都能学到很多东西。2018 年刘老师从新加坡访学归来，连续发表了 5 篇研究新加坡先进教育理念的论文，思考之深、吸收之快，令人钦佩。他常常为了思考解决一个问题，向专家学者虚心求教，在图书馆的书架上仔细探寻，于文章的字里行间用心求索。正是这股思考的韧劲，赋予了他思想的高度、宽度、广度和深度，成就了他的教学与管理。

他勤于实践。马克思说，一步实际行动比一打纲领更重要。刘老师把多年所学、所思和所得积极运用于课堂教学和学校管理实践中，行远自迩，踔厉奋发。他的专业知识、国际视野与治校理念，正是教育改革之所需，是教育现代化之所需。在他的身体力行之下，学生健康成长，为终生发展赋能；学校行稳致远，为立德树人奠基。

这一次，刘丹老师把自己在美国学习工作时关于中小学校长和教师评价体系的思考形成文字，与我们分享，这些都是他勤学善思、学以致用的成果。他用自己的亲身体验，结合第一手资料，分析研究美国北卡罗来纳州的基础教育评价体系，总结其中的特色亮点和成功经验，创造性地提出学习借鉴建议，对于改进和完善我国的中小学校长和教师评价体系具有积极意义。祝愿刘丹老师坚守初心，继续用执着的学习、思考和实践，助力我国的教育改革，为教育事业奉献光与热。

宁波市奉化区教师进修学校校长
浙江省特级教师、教授级中学高级教师　　周道义
2021 年 12 月 5 日于宁波奉化

前言

我的征程，不止星辰大海

在不惑之年渐行渐近之时，我迎来了人生中的第一部专著，欣喜之余，更多的是回味和感恩。回望自己十六载从教生涯，辗转于四所省级重点中学，又漂洋过海在异国他乡工作学习，经历不可谓不精彩。别人眼中看似多姿多彩的人生经历，促使我一刻也不敢懈怠，只有加足马力，勇往直前。

从站上三尺讲台的第一天起，我就立志要做一名学生喜爱、家长认可、学校放心的好老师。学生们的欢声笑语、从普通班到实验班的一步一个脚印，都是对我努力的最好肯定。在教学实践中，我不断地思考与探索"好老师"的要素和标准。

走上行政管理岗位，特别是成为一名年轻的校级领导后，强烈的责任感和使命感敦促我敢于担当、实干有为。学校获得的一项项荣誉和嘉奖、师生幸福感的持续提升，都是对我的努力的最好见证。在管理实践中，我不断地反思与追寻"好校长"的规律和真谛。

校长是学校的灵魂，有什么样的校长，就会有什么样的学校。教师是学校的根脉，有什么的老师，就会培养出什么样的学生。校长的教育理念、办学思想和领导能力，教师的教育情怀、职业素养和专业水平，关系到学校的生存与发展，关系到学生的成长与成功。校长和教师肩负重担、任重道远。

做一名"好校长"和"好老师"是一个终生命题，需要孜孜不倦地求索，锲而不舍地修身。校长要以锐意改革、求真务实的精神凝聚人心、引领发展；教师要以追求卓越、精益求精的精神为党育才、为国植贤。"好校长"和"好老师"能够带给学校取之不竭的源泉和活力，能够引领大家持续发展。

正是一种努力成为新时代"好校长"和"好老师"的韧劲和冲劲，才有了本书的主题——校长和教师评价体系研究。之所以选择"评价"作为关键词，主要是因为评价改革的紧迫性和重要性，评价的功能不应局限于甄别和筛选，更应是激励发展和提升。这样的研究，响应课改的需求，为校长和教师的终生发展赋能，更有力度，更接地气。之所以聚焦美国北卡罗来纳州的实践经验，主要是由我的亲身经历和积累感悟决定的，全过程的参与，既有第一手的资料和文献，也有身临其境的直观感受。这样的研究，真实发生，有根可寻，更有说服力，更有价值和意义。

本书共分为六章。第一章在界定核心概念和厘清研究现状的基础上，宏观地分析了研究的理论意义和实践价值。第二章从美国北卡罗来纳州的州情，特别是基础教育的改革进程出发，在学生发展新目标、教育教学新观念和学校发展新要求的基础上，微观地阐明了研究的背景。第三章和第四章分别从评价的目的、职责、程序、量规、表格、技术和评价结果运用等方面，深入详尽地研究了北卡罗来纳州中小学校长和教师评价体系的全貌，归纳提炼了各自的特色和亮点，并从中获得启示与借鉴，提出了改进我国中小学校长和教师评价体系的建议。第五章重点关注北卡罗来纳州的教师职业道德规范，从省州和学区两级层面入手，举例分析相关的师德法规。第六章对全书做了总结，结合我国基础教育改革实际，提出了六点新建议。附录部分收录了笔者 2010 年至 2011 年在美国北卡罗来纳州工作、学习和生活期间的回忆总结，分为中英双语两个版本，并附上了美国媒体对笔者的报道、美方学校对笔者当时一年工作的肯定评价，以及笔者在美期间获得的各种荣誉和证书，这些是对过往的美好回忆，以作纪念。

做一名"好校长"和"好老师"是我一生的追求，我仍在艰辛探索，永远在路上。而我的征程，不止星辰大海。感谢所有关爱和鼓励我成长的良师益友，感恩一切美好的遇见与安排。谨以此书献给所有在立德树人教育事业中怀揣理想、孜孜以求、勇敢追梦的校长和老师，让我们一起交流分享，共同进步！

刘 丹

2021 年 11 月

目　录

1 导 论

1.1 研究意义

1. 美国北卡罗来纳州中小学校长和教师评价体系特色明显

我曾于 2010 年 7 月至 2011 年 7 月受中国国家汉办和美国大学理事会选派,在美国北卡罗来纳州 Cabarrus County 学区的 Cox Mill 高中和 Harris Road 初中工作交流,开设汉语、中国历史和文化、中美关系等课程。其间,作为一名学区的全职教师和国际事务联络员,我深入美国中小学教学和管理的第一线,全面系统地接触了北卡罗来纳州的中小学校长和教师评价体系,并全程参与了评价过程。

2008 年,美国北卡罗来纳州教育委员会(North Carolina State Board of Education)提出了"学生发展新目标",即每一位学生都能顺利完成中学学业,无论是继续求学,还是选择就业,都具备全球竞争力，并为 21 世纪的生活做好充分的准备①。这一目标给该州带来了教育改革发展的机遇，同时也使该州面临了学校领导者需要具备全新的管理视角和策略和教师需要具备 21 世纪的知识和技能新的挑战，以帮助学生更好地应对未来挑战，成为具有国际视野、卓有能力的社会公民。

北卡罗来纳州专业教学标准委员会（North Carolina Professional Teaching Standards Commission）随即又提出了一系列"教育教学新观念"，包括教师和行政人员共同参与学校管理，对教师的评价应该基于教师对课堂和学校的贡献；教师应使教学内容具有深刻的意义，并贴近学生的现实生活；教师不再照本宣科，而是和学生一起探寻解决问题的方案，教授学生核心领域的知识与技能；教师要积极反思教学实践，展示终身学习的价值，并鼓励学生学习和成长；等等。

为了更好地帮助学生为 21 世纪的生活做好准备，北卡罗来纳州教育委员会又对中小学校提出了一系列"改革发展新要求"，内容包括北卡罗来纳州公立学校将培养具备全球竞争力的学生；将由 21 世纪的专业人士领导；将建立 21 世纪的管理和支持系统；中小学生将是健康和富有责任感的；领导团队将引领北卡罗来纳州公立学校的创新；等等②。

为了将"三新"理念付诸实际，北卡罗来纳州随即启动了

---

① Public Schools of North Carolina, North Carolina State Board of Education, North Carolina Department of Public Instruction. North Carolina Teacher Evaluation Process[S]. Mid-continent Research for Education and Learning, 2009.

② Public Schools of North Carolina, North Carolina State Board of Education, North Carolina Department of Public Instruction. North Carolina School Executive: Principal and Assistant Principal Evaluation Process [S]. Mid-continent Research for Education and Learning, 2009.

新一轮的基础教育改革。其中，校长和教师评价体系的变革成了改革的重要内容。2009 年，该州在原有《北卡罗来纳州教师绩效考核体系》（*The North Carolina Teacher Performance Appraisal System*）的基础上进行改革，建立并实施了全新的中小学教师评价体系《北卡罗来纳州教师评价过程》（*North Carolina Teacher Evaluation Process*）。同年，该州又对原先《北卡罗来纳州校长绩效评估工具》（*The North Carolina Principal's Performance Appraisal Instrument*）中存在的问题和不足进行了改革，建立和实施了《北卡罗来纳州学校主管：校长和副校长评价过程》（*North Carolina School Executive：Principal & Assistant Pricipal Evaluation Process*），并于 2012 年进行了修订，构成了该州中小学校长评价的完整体系。

从早期的《北卡罗来纳州教师绩效考核体系》和《北卡罗来纳州校长绩效评估工具》，到 2009 年的《北卡罗来纳州学校主管：校长和副校长评价过程》和《北卡罗来纳州教师评价过程》，北卡罗来纳州是美国中小学校长和教师评价体系改革的先行者，其致力于提高校长和教师专业能力和业务水平的评价政策在全美得到了广泛的肯定。该州的校长和教师评价体系具有清晰的目标、科学的程序、适切的指标、多样的方法、多元的主体，具有很强的民主性和透明度，特色明显，可操作性强。实践证明，该州的校长和教师评价体系在实施过程中也取得了较为理想的效果，对我国的中小学校长和教师评价改革具有一定的参考价值。

2. 改进和完善我国校长和教师评价体系意义重大

2009 年，奥巴马政府启动了"力争上游"计划，随即在全美掀起了一场巨大的教育改革浪潮。北卡罗来纳州也积极响应。作为教育改革的重要环节，该州启动了校长和教师评价的革新运动，制定并实施了《北卡罗来纳州学校主管：校长和副校长评价过程》和《北卡罗来纳州教师评价过程》。借鉴美国北卡罗来纳州的成功经验，在全面深化课程改革和考试招生制度改革的背景下，建立和完善我国的中小学校长和教师评价体系，意义重大。

第一，校长评价是落实立德树人根本任务的重要保障。

为了加快建设教育强国，落实立德树人根本任务，就必须要建设一支高素质、专业化的校长队伍。中共中央、国务院《关于全面深化新时代教师队伍建设改革的意见》明确提出要加强中小学校长队伍建设，努力造就一支政治过硬、品德高尚、业务精湛、治校有方的校长队伍，要大力提升校长办学治校的能力，打造高品质学校。

作为学校高层管理者，校长在学校改革发展、教师专业成长及学生学业进步等方面扮演着重要角色。校长评价是衡量校长素质表现的重要手段，可以对学校管理工作起到导向、监督、诊断、激励和促进的作用，可以帮助校长树立高尚师德，丰富专业知识，提高管理绩效，对学校和学生的发展产生积极影响。因此，建立健全校长评价体系意义深远。

第二，教师评价是保障教师质量的必然要求。

习近平同志在和北京师范大学师生代表座谈时指出："今天的学生就是未来实现中华民族伟大复兴中国梦的主力军，广大教师就是打造这支中华民族'梦之队'的筑梦人。"[①] 百年大计，教育为本；教育大计，教师为本。教师的质量直接关系到教育教学工作的质量，直接关系到学生的健康成长。

北卡罗来纳州的中小学教师评价体系，引导教师模范遵守职业道德规范，不断充实和更新自己的业务知识与技能，提高教学

---

① 习近平. 做党和人民满意的好老师——同北京师范大学师生代表座谈时的讲话［N］. 人民日报，2014-9-10（2）.

水平和绩效，对教师的工作起到了督导、诊断、激励和发展的作用。借鉴北卡罗来纳州的成功经验，建立和完善我国的教师评价体系，有助于不断提高我国中小学的教师素质，调动教师的积极性，改进教师工作，优化教师结构。

第三，校长和教师评价是专业发展的重要途径。

习近平同志要求广大教师争做"有理想信念、有道德情操、有扎实学识、有仁爱之心"的四有教师。其中，扎实而渊博的学识是成为一名好老师的基础。在数字化和信息化时代，要成为学生喜爱的好老师，更应该不断地学习和提升自己业务水平。因此，校长和教师的专业发展是提升教育工作者素质、提高教育教学质量的重要途径。

我国传统的校长和教师评价被视为一种帮助教育行政部门领导进行管理的手段。然而，校长和教师评价的真正目的并不在于对校长和教师进行甄别筛选。相反，开展评价是为了帮助校长和教师更好地发现自身的不足，驱动他们不断地改进和完善。北卡罗来纳州的中小学校长和教师评价体系以促进专业成长为最终目标，激励校长和教师不断更新知识结构，提升管理水平和教学技能，从而保证教育教学质量的稳步提升。这一发展性的评价理念，值得我们研究学习。

第四，校长和教师评价是推进课程改革的基本保证。

全面深化课程改革是适应时代发展的新要求，也是切实提升学生综合素养的迫切需要。教育部《关于全面深化课程改革 落实立德树人根本任务的意见》中明确要求："全面深化课程改革，整体构建符合教育规律、体现时代特征、具有中国特色的人才培养体系。"

以浙江省为例，自 2012 年秋季起，在全省范围内全面深化普通高中课程改革;2014年起,浙江又成为我国新高考改革方案的试点省份之一。一方面,要开足开齐选修课程,满足学生多样化发展需求,体现选择性教育理念;另一方面,要改变传统的评价方法,采用高考、学考、学生成长记录和综合素质评价相结合的"四位一体"的评价方式。

2015学年,浙江省启动了深化义务教育课程改革的试点工作;2016学年,在全省全面推进深化义务教育课程改革。既要完善课程体系,开齐开好基础性课程和拓展性课程,积极推进差异化、个性化教育;又要深化评价改革,探索推广过程性评价、表现性评价和发展性评价,建立和实施九年一贯的学生综合素质评价制度,积极稳妥地推进初中毕业升学考试和高中招生制度改革。

一线的校长和教师是否全面领会和认真执行新课程改革精神,能否适应新高考的各种要求和变化,需要通过评价来判断。可以说,校长和教师评价改革也应该成为新课程改革的重要内容。北卡罗来纳州的校长和教师评价改革,作为"力争上游"教改计划的重要环节,对于提升教师质量,增强教学实效,起到了至关重要的作用。借鉴北卡罗来纳州的成功经验,建立和完善我国的中小学校长和教师评价体系,从奖惩性评价逐渐转变为发展性评价,逐步实现评价内容、方法和参与对象的多元化,促进校长和教师不断深化对新课程改革与新高考方案的学习和领悟,从而保证课程改革的顺利实施和高考改革的有序推进。

1.2 核心概念

1. 评价

英语中的评价一词"evaluate"是从"value"发展而来的,

在人类社会一切有目的的活动中，都会有评价发生。

《辞海》对评价的解释是"泛指衡量人、物或事物的价值"①。

陶西平的《教育评价词典》对评价的定义是"基于一定的价值标准，通过系统地收集资料，对评价对象的质量、水平、效益和社会意义做出价值判断的过程"②。

美国学者 Bloom 对评价的定义是"出于某种目的，用一定的标准来对观点、工作、方法、材料、对策等的价值进行评判"③。

1971 年，美国学者 Gronlund 以公式的形式展示了其对评价活动的定义："评价＝测量（量的记述）"或"非测量（质的记述）+价值判断"。换言之，评价是在记述量或质的基础上做出价值判断的活动④。

2. 校长评价

涂艳国在《教育评价》一书中提出："校长评价是指一定的组织机构和人员根据相关政策法规，运用有关评价原理和标准，对校长的个人素质、管理绩效及专业化发展状况进行价值判断的活动和过程。"⑤

陶西平认为评价一位校长，要看他的实力、能力、潜力、活力和魅力，还要看他的定力，即自我约束的能力⑥。在《教育评价词典》中，陶西平提出从素质评价、工作评价、管理水平评价

① 夏征农. 辞海［M］. 上海：上海辞书出版社，2009：17.

② 陶西平. 教育评价词典［M］. 北京：北京师范大学出版社，1998：55.

③ Graeme Withers. Getting Value from Teacher Evaluation［J］. Journal of Personnel Evaluation in Education，1994,(8)：185-194.

④ 转引自陈玉琨. 教育评价学［M］. 北京：人民教育出版社，1999：8.

⑤ 涂艳国. 教育评价［M］. 北京：高等教育出版社，2007：406.

⑥ 陶西平. 一路走来——陶西平教育漫笔［M］. 北京：京华出版社，2006：169.

和工作绩效评价四个方面开展中小学校长评价①。校长素质评价的内容主要包括政治思想素质、职业道德素质、业务理论素质、心理素质、领导能力和勇于变革的创新精神等;校长工作评价的指标主要是工作计划、工作过程和工作结果;校长管理水平评价是以校长的管理水平为评价对象进行价值判断的过程。而校长工作绩效评价的指标是工作成绩和工作效率,主要看解决问题的速度和准确性。

冯大鸣在现代学校制度的基础上,提出校长评价应结合自评与他评,且评价内容应包括依法治校和以德治校两个方面。依法治校要求校长"把事情做正确",而以德治校则要求校长"做正确的事情"②。

美国的 Fuller 等学者总结提出了美国校长评价的三种模型。第一种模型强调校长的责任,主要通过简单的表格清单来审查校长的工作任务。在 20 世纪 80 年代之前,这种评价方式是占主导地位的。第二种模型关注校长的素养、知识和技能。这种方式虽然使用频率较低,但却被视为是高效的评价手段,因为其侧重知识技能而非行为表现。第三种模型是利用"有效"学校校长最佳实践研究的结果,评估某一学校的校长在多大程度上表现出这些行为③。

校长是一个学校的精神灵魂,在教育改革不断深化的今天,校长的作用日益显现。对校长的评价,既要考量校长自身的能力

---

① 陶西平. 教育评价词典 [M]. 北京:北京师范大学出版社,1998:423－424.

② 冯大鸣. 现代学校制度与校长评价 [J]. 中小学管理,2004 (9):31-33.

③ Edward J Fuller, Liz Hollingworth, Jing Liu. Evaluating State Principal Evaluation Plans Across the United States. [J]. Journal of Research on Leadership Education,2015 (3):166.

与素质，也要考查学校管理的水平与绩效，要结合教育行政部门、教师学生、家长社区等多方面的声音，从学校发展、教师成长、学生成才等多方面评判校长的工作。

3. 教师评价

陈玉琨的《教育评价学》对教师评价的定义是"也叫'教师考评'，是对教师工作现实的或潜在的价值做出判断的活动，其目的是促进教师的专业发展与提高教学效能，对教师专业的发展起着导向、激励、推动的作用"①。

姜凤华在《现代教育理论、技术、实践》一书中指出："教师评价是指学校管理者基于学校的性质、任务和培养目标，根据教师在各种教育教学岗位的必备条件，对教师的素质、履职表现及取得的成绩，进行全面科学的测定，给予客观、公正的评判。"②

范二平和安俊秀在《教师评价的研究与探讨》一文中提出："教师评价作为教育评价的重要组成部分，指的是对教师的职业、教育思想、教学资源利用、教学行为和方法、教学效果以及道德水平、人际关系等方面的价值判断。"③

美国学者 Stephen Sawchuk 对教师评价的定义是学校用于检查和评估教师在课堂上的表现与绩效的正式程序。理论上，评价的结果会反馈给教师，并作为指导他们专业发展的依据。教师评价体系在很大程度上依赖于校长和其他学校管理人员开展的课堂观察，有时需要借助于评价量规表或清单。学生作业、教师记

---

① 陈玉琨. 教育评价学 [M]. 北京：人民教育出版社，1999：198.

② 姜凤华. 现代教育理论、技术、实践 [M]. 广州：广东人民出版社，2001：162.

③ 范二平，安俊秀. 教师评价的研究与探讨 [J]. 教育理论与实践，2005（12）：8-9.

录、教学计划及其他的相关材料也都会被用于评价教师①。

美国学者 Iwanicki 认为有效的教学评价应该包括三个要素：目的恰当、标准完善、方法与策略合理。其中，评价目的是回答"为什么要评价（Why）"的问题；评价标准是解答"评价什么（What）"的问题；而评价方法与策略是解释"怎样评价（How）"的问题②。

美国宾夕法尼亚大学的 Patricia Hinchey 教授在其执笔的美国国家教育政策研究中心关于教师评价的研究报告中指出：从整体上来说，有三种常用的教师评价类型，即关于 Teacher Quality、Teacher Performance 和 Teacher Effectiveness 的评价。Teacher Quality 是指教师的品质特征，诸如教师的个人经历、教育水平和教育信仰，等等；Teacher Performance 是指教师在课堂内外所做的各种工作，如制订教学计划、营造良好的课堂氛围、与学生积极互动、承担校际间和社区的工作，与学生家长沟通，等等；Teacher Effectiveness 则是指教师工作的结果，即教师对学生的学习动机、考试成绩等方面的影响③。

总而言之，教师评价应该包括一个较为广阔的范围，不仅包括教师的教学表现，也应该考量教师自身的素质、教育教学的效果、专业发展的规划，以及对学校组织的贡献等多个方面。

---

① Stephen Sawchuk. Teacher Evaluation：An Issue Overview ［J/OL］. Education Week，2017. http://www. edweek. org/ew/section/multimedi a/teacher-performance-evaluation-issue-overview. html.

② 转引自周成海，靳涌韬. 美国教师评价研究的三个主题 ［J］. 外国教育研究，2007（1）：1-6.

③ 转引自刘淑杰. 美国教师评价中与教师质量相关的三个概念辨析 ［J］. 教育测量与评价（理论版），2014（7）：4-9.

4. 中小学校长和教师评价

美国是世界教育强国，拥有完整的教育体系。"K-12"是美国基础教育的简称。除去"K"所代表的一年幼儿园教育，美国的"中小学教育"共有 12 年。根据组织模式的不同，美国各州的小学、初中和高中教育在学年段安排上略有不同，有的州把 7—8 年级划入小学高年段教学；有的州则把 6—9 年级归入初中教育①。在北卡罗来纳州，小学从 1 年级到 6 年级，共 6 年；初中为 7—8 年级，共 2 年；高中为 9—12 年级，共 4 年。对从事小学、初中和高中教育的"校长的管理工作、教师的教学工作，以及校长和教师工作效果的测量与判断"②，即称为中小学校长和教师评价。

1.3　研究现状

1.3.1　国内研究综述

1. 美国校长评价研究

国内为数不多的有关美国校长评价的研究主要围绕以下四个方面展开：

（1）美国校长评价综合研究

程晋宽从目的、准则、过程和形式四个方面研究了美国的中学校长评价制度③。李华和程晋宽深入研究了由支持系统、示范

---

① 赵勇，王安琳，杨文中. 美国中小学教师 [M]. 北京：北京师范大学出版社，2008：12.

② 顾明远. 教育大辞典 [M]. 上海：上海教育出版社，1990：50.

③ 程晋宽. 美国中学校长评价制度浅析 [J]. 外国中小学教育，1997（2）：32-35.

系统和实施系统组成的三位一体的美国中小学校长效能评价模型①。方征对目前美国运用较为广泛的 Stronge 校长绩效评估体系进行了研究，认为该体系在设计依据、指标选择、培训支持等方面集中体现了促进学校、教师和学生共同发展的理念②。

（2）美国校长领导力评价研究

领导力是校长驾驭、引领、发展学校的综合素质和专业能力，是教育改革与学校变革的核心动力。王红和陈纯槿回顾了1980 年至 2010 年美国教育领导力评价的研究路向，提出注重科学性、多样性和时代性已成为美国校长领导力评价的主要趋向③。钟建国深入分析了美国范德比尔特大学开发的校长领导力评价系统，该系统解决了现任校长评估量化等级的问题，融通了校长的各项管理能力，对塑造优秀校长和教育领导者能起到积极作用④。进入 21 世纪，校长的信息化领导能力显得尤为重要，王玥和赵慧臣归纳了美国校长信息化领导力评价的主要特点，并从价值需求、评价主体和评价维度三个方面提出建议⑤。

（3）美国各州的校长评价研究

国内学者对美国部分州的校长评价进行了研究。例如，蔡敏

---

① 李华，程晋宽. 美国中小学校长效能评价研究［J］. 外国中小学教育，2019（4）：46-54.

② 方征. 美国 Stronge 校长绩效评估体系的设计、运行与启示［J］. 教育研究，2015（4）：136-141.

③ 王红，陈纯槿. 美国教育领导力评价研究三十年：回顾与启示［J］. 比较教育研究，2012（1）：55-58，77.

④ 钟建国. 美国中小学校长领导力评估研究——以"范德比尔特教育领导力评估"为例［D］. 福州：福建师范大学，2012.

⑤ 王玥，赵慧臣. 美国校长信息化领导力评价研究及启示——基于评价标准的思考［J］. 数字教育，2017（2）：86-92.

和牛广妍介绍了亚利桑那州的校长效能评价框架①；李华以科罗拉多州中小学校长示范评价体系作为研究对象②；冷百阳③和孔令帅、胡慧娟④分别对佐治亚州和华盛顿州的校长评价体系进行了研究；还有学者分别对爱荷华州⑤和弗吉尼亚州⑥的校长评价标准进行了深入解读。

（4）校长评价的比较研究

比较研究，既有对美国国内不同校长评价方式的分析比较，例如，曾家延和赵晶研究比较了美国四种校长教学领导力评估模型，即 Bossert 模型、Hallinger 模型、马里兰州模型和 VAL-ED 模型之间的特色与关系⑦；又有对美国和他国校长评价体系之间的比较思考，例如，杨莉从目的、标准、方法和评价者四个维度对中美校长评价体系进行了比较⑧，王新民和刘玲比较了英美两国的校长评价制度⑨。

①　蔡敏，牛广妍. 美国亚利桑那州校长效能评价及其特点［J］. 现代教育管理，2019（12）：106-111.

②　李华. 美国科罗拉多州中小学校长示范评价体系研究［D］. 曲阜：曲阜师范大学，2018.

③　冷百阳. 美国佐治亚州校长评价体系研究［J］. 浙江教育科学，2020（1）：9-13.

④　孔令帅，胡慧娟. 美国"华盛顿州教师及校长评价项目"述评［J］. 教育测量与评价（理论版），2014（12）：14-18.

⑤　胡萌萌，胡林林. 美国爱荷华州校长评价标准解读［J］. 辽宁教育，2012（12）：91-92.

⑥　刘彩霞. 美国弗吉尼亚州校长评价标准及其对我国的启示［D］. 曲阜：曲阜师范大学，2015.

⑦　曾家延，赵晶. 美国四种校长教学领导力评估模型的比较与评论［J］. 外国中小学教育，2016（10）：34-42.

⑧　杨莉. 关于中美中小学校长管理制度的研究与思考［J］. 中国教育现代化，2004，（11）：22-24.

⑨　王新民，刘玲. 英、美中小学校长评价制度［J］. 教育情报参考，2004（9）：24.

2. 美国教师评价研究

相较于校长评价而言，国内学界对美国教师评价开展了广泛深入的研究。从大量文献的整理分析发现，研究主要集中在以下四个方面：

（1）美国教师评价发展历程和改革趋势的研究

项聪认为美国的教师评价历经"教师的个性特征成为评价重点、构建职业教师评价体系、教师评价成为教育改革的主要内容"三个发展阶段，同时他提出当前的改革趋势是开展熟练教师认证工作和建立以生为本的课堂评价体系①。林凯华以 20 世纪初以来的美国中小学教师评价为主要内容，结合对美国不同发展时期的社会背景、法律政策、教育革新的分析，对具体的评价模式进行案例研究，从而对各个不同时期的教师评价做出相应的特征分析，展现出美国教师评价发展的基本脉络②。

自从 2001 年布什政府颁布《不让一个儿童落后法》 （*No Child Left Behind*，简称 NCLB 法案）以来，建设高质量的教师队伍一直是美国教育改革的核心内容。教师评价作为提升教师素质的有效手段，受到了美国教育界的普遍关注。侯定凯等从三个方面研究了 NCLB 法案颁布后，美国教师评价改革的动向：丰富教师绩效的内涵；拓宽教师招聘的范围，提高教师整体素质；建立个别化督导与评价体系③。柳国辉和谌启标在分析 21 世纪美国教师评价政策改革动向的基础上，归纳出"政府主导、标准本

---

① 项聪. 美国教师评价的发展历程与最新改革动向 [J]. 外国教育研究，2006（9）：63-65.

② 林凯华. 美国中小学教师评价发展历程探析 [D]. 福州：福建师范大学，2012.

③ 侯定凯，顾玲玲，汪靖莉. 美国教师评价改革的新动向——《不让一个儿童落后法》颁布后 [J]. 全球教育展望，2015（10）：72-75.

位、问责驱动、证据为重"的特点①。

（2）美国教师评价的特点和方法研究

王景英和梁红梅分析了当前美国中小学教师评价的特点，包括评价具有保障教学质量和促进教师发展的双重目的；针对教师个体，开展个别化督导与评价；在评价中重视学生的学业成绩；为教师建立专业成长和教学档案袋；等②。王麒舒和刘桂秋归纳了美国在职教师评价体系严谨和多元化的特点，针对我国教师评价目的不明确、认识不充分等问题，提出了一些合理性建议③。

教师评价的方法也受到了学者的关注。王斌华介绍了增值性评价方法，并分析了它的利弊④。刘芳归纳了美国教师同行评价法的优点，分析了评价目的、步骤和管理机制。⑤ 王宇光则研究了美国中小学运用学生成绩来评估教师的做法⑥。黄淑艳介绍了教师档案袋评价法，分析了其内涵、功能、类型、构成、优点和不足⑦。

（3）美国部分州和学区的教师评价研究

蔡敏以密苏里州为例，深入分析了美国"基于表现的教师评

---

① 柳国辉，谌启标. 新世纪美国教师评价政策的改革动向及特点分析 [J]. 外国中小学教育，2014（10）：33-37.

② 王景英，梁红梅. 当前美国中小学教师评价的特点及其启示 [J]. 外国教育研究，2002（9）：54-59.

③ 王麒舒，刘桂秋. 美国在职教师评价体系及其启示 [J]. 煤炭高等教育，2012（2）：87-90.

④ 王斌华. 教师评价：增值评价法 [J]. 教育理论与实践，2005（12）：20-23.

⑤ 刘芳. 美国教师同行评价动态 [J]. 基础教育参考，2003（10）：13-16.

⑥ 王宇光. 美国中小学如何运用学生成绩来评价教师 [J]. 外国教育研究，1989（2）：48-50.

⑦ 黄淑艳. 美国教师档案袋评价研究 [D]. 长春：东北师范大学，2010.

价"①。彭小虎详细介绍了加利福尼亚州的教师教学评价标准②。何茜和谭菲以印第安纳州"RISE 体系"为例，介绍了美国中小学教师评价改革的新尝试③。李双雁和李双飞对北卡罗来纳州的中小学教师评价进行了研究④。龙秋梅和刘莉莉对阿拉斯加州安克雷奇学区的教师评价标准进行了个案研究⑤。郭满库对印第安纳州 Perry 镇 Township 学区教师评价的实施办法开展了个案研究⑥。

（4）美国和他国教师评价的比较研究

谌启标从目的、内容、方法三个维度比较了英美两国的教师评价制度⑦。顾苗丰和张金静从这三个维度对日、英、美三国现行的教师评价制度进行了比较⑧。孙河川等就中美两国最新的教师评价体系的一、二级指标展开比较研究，试图寻找两者之间的共性与个性⑨。邢红军等对中美教师绩效评价开展了比较研究，

① 蔡敏. 美国"基于表现的教师评价"探析——以密苏里州为例 [J]. 教育科学，2008（1）：91-96.

② 彭小虎. 美国加州教师教学评价标准 [J]. 外国中小学教育，2004（12）：12-15.

③ 何茜，谭菲. 美国中小学教师评价改革的新尝试——印第安纳州"RISE 体系"评析 [J]. 比较教育研究，2013（12）：11-15.

④ 李双雁，李双飞. 美国北卡罗来纳州教师评价体系及其特点 [J]. 教育测量与评价，2011（6）：19-25.

⑤ 龙秋梅，刘莉莉. 美国阿拉斯加州中小学教师评价标准之研究——以安克雷奇学区为例 [J]. 教育测量与评价（理论版），2011（1）：21-25.

⑥ 郭满库. 美国中小学教师考核评价办法——以印第安纳州 Perry 镇 Township 学区为例 [J]. 现代中小学教育，2013（8）：73-76.

⑦ 谌启标. 英美教师评价制度的比较 [J]. 外国中小学教育，1998（1）：18-20.

⑧ 顾苗丰，张金静. 英美日教师评价制度的比较 [J]. 现代基础教育研究，2012（4）：43-48.

⑨ 孙河川，郑丹，葛辉. 美中教师评价指标体系比较研究 [J]. 教育发展研究，2008（20）：54-58.

发现两国教师绩效评价的核心维度是一致的，但在理解上有所不同；"学生学业"维度基本一致，但在表达上略有差异。两者在维度上的差别，体现了两国不同的教育观念和文化传统[1]。

1.3.2 国外研究综述

1. 美国校长评价研究

国外学者在研究美国校长评价时，重点关注以下四个方面：

（1）对美国校长评价政策的研究

Glasman 和 Heck 认为校长评价政策的作用越来越突出，因为校长评价揭示了学校的位置和方向，促进了学生的学术进步和学校的效能提升[2]。Nielsen 和 Lavigne 对全美 50 个州的校长评价进行了系统研究，勾勒出各州校长评价政策的主要内容和发展趋势[3]。Fuller 等通过对全美 50 个州和华盛顿特区校长评价政策的宏观研究，提出评价时要考虑学校之间的差异，要持续收集、分析和评估数据，要为校长提供专业发展的机会，以及评价结果的运用要谨慎合法等观点[4]。

（2）对美国校长评价问题和建议的研究

Davis 和 Hensley 通过访谈，发现校长评价的形式和过程因地

① 邢红军，张九铎，朱南. 中美教师绩效评价比较研究 [J]. 教育科学研究，2009（6）：44-48.

② Naftaly S Glasman, Ronald H. Heck. Principal Evaluation in the United States[J]. International Handbook of Educational Evaluation, 2003(9):643-669.

③ Sarah R Nielsen, Alyson Lavigne. Principal Evaluation in the United States: A National Review of State Statutes and Regulations[J]. Education Policy Analysis Archives, 2020(143):1-36.

④ Edward J Fuller, Liz Hollingworth, Jing Liu. Evaluating State Principal Evaluation Plans across the United States[J]. Journal of Research on Leadership Education, 2015(3): 164-192.

区而异，校长和学区总监对评价的目的和效度常持有不同观点，很多校长感觉受到了无法控制的外部政治力量的过度影响①。Goldring 等分析了多源反馈存在的问题，认为多源反馈对校长教学领导的有效性存在影响，校长的领导效能自我评估与教师对其评分之间也存在差距②。Stronge 建议创建更有效的校长评价，制定关注于教学领导力、学校氛围、组织管理和专业精神的标准，评估校长对学生学习的影响，要重视过程性绩效的记录归档③。

（3）对美国校长评价方法的研究

Marcou 等提出在校长评价中采用档案袋评价法（Portfolios）④。Moore 认为校长角色的不断变化使得传统的评估和反馈方法已无法提供足够的数据，他建议在评价中使用源自商界的 360 度反馈模型，帮助校长们多角度审视自己的表现⑤。Derrington 和 Sanders 针对校长的领导期望与监督评价实践之间存在脱节的问题，提出了一个多维度的校长评价方法框架。这一框架提供了一个多步骤的评价过程，其中嵌入了基于信任的监督关系，基于研究的领导力标准选择，使用多维方法收集绩效数据，以及基于

---

① Stephen H Davis，Phyllis A. Hensley. The Politics of Principal Evaluation［J］. Journal of Personnel Evaluation in Education，1999（4）：383－403.

② Ellen B Goldring，Madeline Mavrogordato，Katherine Taylor Haynes. Multisource Principal Evaluation Data［J］. Educational Administration Quarterly，2015（4）：572－599.

③ James H Stronge. Principal Evaluation from the Ground Up［J］. Educational leadership：Journal of the Department of Supervision and Curriculum Development，2013（7）：60－65.

④ Jennifer Marcou，Genevieve Brow，Beverly J Irb，Rafael Lara－Alecio. A Case Study on the Use of Portfolios in Principal Evaluation［R］. Paper Presented at the Annual Meeting of the American Educational Research Association，Chicago，IL，April 22nd，2003.

⑤ Bobby Moore. Improving the Evaluation and Feedback Process for Principals［J］. Principal，2009（3）：38－41.

数据支持的判断和决定校长绩效的准则①。

（4）对美国校长评价的个案研究

国外学者对美国部分州的校长评价开展了个案研究。例如，Albanese 以罗得岛州的校长评价为研究对象，通过校长访谈，发现校长某些权力的缺失，如招聘权和预算权，影响了校长的履职和表现②。Slotnik 等详细分析了马里兰州的校长评价体系，旨在进一步加强该评价系统，引导校长关注学生的学习目标③。Andrews 等对印第安纳州 2012 年最新颁布实施的 RISE 校长评估模型进行了深入研究，旨在为该评估模型的修订提供专业意见④。

2. 美国教师评价研究

国外关于教师评价的研究起步早、角度广、成果多。值得一提的是，国外还出现了以教师评价为主题的学术期刊，如《教育人士评价期刊》（*Journal of Personnel Evaluation in Education*）等。国外对美国教师评价的研究主要可以分为以下四类：

（1）对美国教师评价问题和建议的研究

很多美国教师拒绝接受评价。原因是什么呢？Conley 和 Glasman 经过分析，得出了是由于害怕暴露缺点和评价的严苛性

① Mary Lynne Derrington, Kellie Sanders. Conceptualizing a System for Principal Evaluation[J]. AASA Journal of Scholarship & Practice, 2011(4): 32-38.

② Laura Jean Albanese. Identifying and Assessing Current Practices in Principal Evaluation[D]. Boston University, 2003.

③ William J Slotnik, Daniel Bugler, Guodong Liang. Change in Practice in Maryland: Student Learning Objectives and Teacher and Principal Evaluation[M]. WestEd and Community Training and Assistance Center, 2015.

④ Kelly A Andrews, Lori G Boyland, Marilynn M Quick. Principal Evaluation in Indiana: Practitioners' Perceptions of a New Statewide Model[J]. Education Leadership Review, 2016(2): 36-55.

的结论①。Frase 和 Streshly 指出教师评价中存在不精确、不反馈、不负责的问题。具体来说，就是评价等级脱离现实；校长和教师能够获得的有助于改进评价的反馈信息很少；评估结果和教师的专业成长毫无关系；评估人员没能承担起评价责任②。为此，Smith 和 Shreeve 以全美 230 位学区总监的问卷调查为依据，提出了加大教师参与评价的建议③。Bradshaw 在《北卡罗来纳州教师绩效考核体系》实施 14 年后，通过对全州 27 个学区的实践调查，发现该评价体系支持度下降，亟待完善④。

（2）对美国教师评价目的和意义的研究

Boyd 认为教师评价通常有两个目的，即衡量教师能力和促进教师专业发展⑤。Marshall 指出教师评价具有改变学校文化的特殊功能⑥。Phillips 等提出教学质量和学生成绩之间的紧密联系使人们更加重视教师评价，是确保教育改进的重要手段⑦。Nevo回答了教师能从评价中获得什么好处的问题，他认为有八大益

① Sharon Conley, Naftaly S Glasman. Fear, the School Organization and Teacher Evaluation[J]. Educational Policy,2008(1):63-68.

② Larry E Frase, William Streshly. Lack of Accuracy, Feedback and Commitment in Teacher Evaluation[J]. Journal of Personnel Evaluation in Education,1994(1):47-57.

③ Ladd Smith, Bill Shreeve. Reshaping Teacher Evaluation: Promoting Teacher Involvement to Effective Evaluation[J]. Early Child Development and Care,1997(132):115-121.

④ Lynn K Bradshaw. Local District Implementation of State Mandated Teacher Evaluation Policies and Procedures: The North Carolina Case[J]. Journal of Personnel Evaluation in Education,2002(2):113-117.

⑤ Ronald T C Boyd. Improving Teacher Evaluations[J]. Practical Assessment, Research, and Evaluation,1989(1):article 7.

⑥ Marvin Marshall. Using Teacher Evaluation To Change School Culture[J]. NASSP Bulletin,1998(82):117-119.

⑦ Karen Phillips, Rose Balan, Tammy Manko. Teacher Evaluation: Improving the Process[J]. Transformative Dialogues: Teaching & Learning Journal,2014(3):1-22.

处：展示和开发教师能力；为取得专业资质做好准备；更好地收集和组织评价信息；赢得一份教学工作；改善教学业绩；对学区、学校和学生家长负责；有利于和学区就更好的评价协议进行谈判；成为国家认可的杰出教师①。

（3）对美国教师评价方法的研究

国外有众多学者高度关注评价工具和方法等操作性主题。Sinnema 和 Robinson 提出运用学生学习的成效、教学风格的要素、教学和成果之间关系的探究等三种评价方法来评价有效教学，实现改进教与学的目标②。Peterson 等提出将家长意见作为教师评价的客观依据③。Papay 分别对增值评价法和标准本位评价法展开研究，分析了他们的优点和缺点④。Tucker 等主张用档案袋评价法来开展教师评价⑤，而 Peterson 等则提出了截然相反的观点，他们总结了档案袋评价法的"七宗罪"，主张通过组织卷宗（Dossiers）来评价教师⑥。

---

① David Nevo. How can Teachers Benefit from Teacher Evaluation? ［J］. Journal of Personnel Evaluation in Education,1994(8):109-117.

② Claire E L Sinnema, Viviane M. J. Robinson. The Leadership of Teaching and Learning Implications for Teacher Evaluation［J］. Leadership and Policy in Schools, 2007(6): 319-343.

③ Kenneth D Peterson, Christine Wahlquist, Julie Esparza Brown, Swapna Mukhopadhyay. Parent Surveys for Teacher Evaluation［J］. Journal of Personnel Evaluation in Education,2003(17):317-330.

④ John P Papay. Refocusing the Debate Assessing the Purposes and Tools of Teacher Evaluation［J］. Harvard Educational Review,2012(1):123-167.

⑤ Pamela D Tucker, James H Stronge, Christopher R Gareis, Carol S Beers. The Efficacy of Portfolios for Teacher Evaluation and Professional Development:Do they make a difference? ［J］. Educational Administration Quarterly,2003(5):572-602.

⑥ Kenneth D Peterson, Dannelle Steven, Carol Mack. Presenting Complex Teacher Evaluation Data:Advantages of Dossier Organization Techniques Over Portfolios［J］. Journal of Personnel Evaluation in Education,2001(1):121-133.

（4）对美国教师评价政策的研究

Ellett 和 Garland 等于 1987 年①和 1996 年②两次对美国 100 个最大学区的教师评价政策展开研究，并提出了存在的问题。Binkley 研究了美国校长在改革教师评价政策上的角色作用③。Breedlove 通过教师视角的数据比较，发现北卡罗来纳州新的教师评价政策产生了积极影响④。Looney 提出了制定教师评价政策的六条原则：教师评价需要依靠明确的标准和能力；需要结合更为广泛的评价和评估框架；应该基于多个方面的测量数据；应该强调及时反馈改进教学策略的具体想法和实践机会；专业发展应符合确定的发展需要，鼓励发展学校和学校间的实践社区；终结性评价应该和形成性评价相结合⑤。

通过对美国校长和教师评价的研究现状进行综述，以厘清国内外学术界的研究现状和趋势，学习他们的研究框架、角度和方法，获得一些有益的启发，为后续研究打下坚实基础。同时，通过对研究现状的梳理分析，我们发现国内外学者对美国北卡罗来纳州校长和教师评价体系的关注并不多。因此，本书对北卡罗来纳州的中小学校长和教师评价体系进行深入系统的研究，具有积

---

①　Chad D Ellett,Joanne S Garland. Teacher Evaluation Practice in Our Largest School Districts: Are they measuring up to "state-of-the-art" system? [J]. Journal of Personnel Evaluation in Education,1987(1):69-92.

②　Karen S Loup,Chad D Ellett,Joanne S Garland,John K. Rugutt. Ten years Later: Findings fom a Replication of a Study of Teacher Evaluation Practices in Our 100 Largest School Districts[J]. Journal of Personnel Evaluation in Education,1996(10):203-226.

③　Nadine Binkley. Reforming Teacher Evaluation Policy: a Qualitative Study of the Principal's Role[J]. Journal of Personnel Evaluation in Education,1995(9):223-242.

④　Pamela H Breedlove. Teacher Evaluation in North Carolina: Teacher Perceptions During A Time of Change[M]. ProQuest Dissertations Publishing,2011.

⑤　Janet Looney. Developing High-Quality Teachers: Teacher Evaluation for Improvement[J]. European Journal of Education,2011(4):440-455.

极的理论意义和学术价值。

1.4 研究内容

北卡罗来纳州地处美国东部沿海，是美国最早获得独立的13 个州之一，具有一定的历史积淀和典型性特征。该州在校长和教师评价方面也走在前列，于 2009 年建立并实施了全新的中小学校长和教师评价体系。

北卡罗来纳州的中小学教师评价体系，以促进教师的专业发展为最终目标，重视教师的职业道德规范建设，是一种着眼未来的发展性评价。本书将以该州的中小学校长和教师评价体系为研究对象，以《北卡罗来纳州学校主管：校长和副校长评价过程》和《北卡罗来纳州教师评价过程》为研究重点，全面系统地总结该州校长和教师评价体系的典型性特征，分析归纳该州在评价目标、职责、等级、内容、程序、量规、技术、结果运用等诸方面的成功经验和做法，特别关注对教师专业发展和职业道德规范的要求。同时，本书结合我国当前中小学校长和教师评价体系的现状，得到了一些具有实践价值的启示，对我国建立科学可行的发展性校长和教师评价体系，或许能起到积极的促进作用。

评价是一门专业性很强的学问。卓有成效的校长和教师评价，对提升校长和教师的专业能力和职业素养至关重要，对促进学校发展和学生成长至关重要。在评价对教育改革和发展的作用越来越受到重视的背景下，研究借鉴国外成功经验显得尤为重要。美国北卡罗来纳州的中小学校长和教师评价体系特色鲜明，可操作性和实效性强。校长、同行和教师共同参与评价，通过自评、互评、课堂观察、作品展示等环节，评定不同等级，确定效能层级，并及时反馈，制订专业发展计划，实现改进和提升。

　　教育质量的好坏，很大程度上取决于校长的水平和教师的素质。形成一套完善的发展性的校长和教师评价体系，不仅可以保障教学质量，也可以保证校长和教师获得可持续发展。在深入系统地研究美国北卡罗来纳州中小学校长和教师评价体系的基础上，提出确立正确的价值取向、坚持高尚的师德标准、构建专业的指标体系、突出校长和教师的育人实绩、强化多元评价的主体和路径、关注评价结果的反馈和运用等建议，以期为我国中小学校长和教师评价体系改革提供有益的借鉴和启示。

2　美国北卡罗来纳州中小学校长和教师评价体系的背景

2.1　北卡罗来纳州州情

2.1.1　北卡罗来纳州简介

1. 地理位置

北卡罗来纳州地处美国东南部沿海，东临大西洋，南面与佐治亚州及南卡罗来纳州毗邻，西接田纳西州，北面与弗吉尼亚州相连，是最早获得独立的新英格兰地区 13 个州之一。北卡罗来纳州面积约为 13.7 万平方千米，全美排名第 28 位。

北卡罗来纳州地理位置优越，交通发达，州内有 2 个主要港口、70 个通用机场，其中 3 个为国际机场；拥有美国第二大高速公路系统，高速公路里程达到 15 000 英里（24 140.16 千米），铁路里程长达 3 300 英里（约 5 311 千米）①。

---

① About NC[EB/OL]. http://www.nc.gov/.

2. 历史

历史上，北卡罗来纳州曾是印第安人的聚居地，在其西北部山区，至今仍有近 3 万印第安居民。1587 年，英国人曾在该州东北部的罗厄诺克岛登陆。1663 年，英国国王查理二世将这块土地赐予英国领主，并以查理二世的拉丁文名将其命名为卡罗来纳。1735 年，卡罗来纳被划分为南北两部分。1789 年，北卡罗来纳州批准联邦宪法，正式成为加入美国联邦的第 12 个州。1903 年，怀特兄弟在此成功完成了人类历史上首次飞机试飞。

3. 人口

2019 年，北卡罗来纳州总人口约 1 048.81 万，列全美第 9 位，占美国人口总数的 3.2%，其中白人占比 70.6%，非裔占比 22.2%、亚裔占比 3.2%①。共下辖 100 个郡，首府罗利（Raleigh），最大城市是夏洛特（Charlotte），其他重要城市还有教堂山（Chapel Hill）、杜罕（Durham）、埃斯维尔（Asheville）和格林斯伯勒（Greensboro）②。

4. 经济

根据美国商务部经济分析局的官方统计数据，2015 年，北卡罗来纳州的 GDP 为 4 954 亿美元，列全美第 10 位③。2014 年，

---

① North Carolina[EB/OL]. https://en. wikipedia. org/wiki/North_Carolina.

② 中国驻美国大使馆经济商务参赞处. 使馆领区 16 州情况介绍：北卡罗来纳州（North Carolina）[EB/OL]. http://us. mofcom. gov. cn/article/ddgk/states/202006/20200602978555. shtml.

③ U. S. Bureau of Economic Analysis. Real Personal Income for States and Metropolitan Areas, 2014[EB/OL]. https://www. bea. gov/newsreleases/regional/rpp/rpp_newsrelease. htm.

该州人均收入为 39 171 美元，列全美第 40 位①。北卡罗来纳州的经济总量，在全美排名第 9 位②。

北卡罗来纳州自然资源丰富，拥有超过 300 英里（约 483 千米）的海岸线和东落基山脉的最高峰。北卡罗来纳州的农业和制造业发达，主要农作物有烟草、大豆、玉米、棉花、花生和干草等，是美国第一大红薯产地。近年来，该州的工业经历了重大的转型升级，由传统的烟草、纺织和家具业，逐步升级为资讯科技、软件、生物科技、医疗及制药等工业，并已发展成为以高新科技享誉全美的州。由罗利、杜罕和教堂山三座城镇形成的三角地带是北卡罗来纳州高科技三角研究园，已成为美国第三大生物科技研发中心，著名的生物企业如葛兰素史克（GSK）、诺华（Novartis）、巴斯夫（BASF）、拜耳（Bayer）等都把总部设于此。北卡罗来纳州也是世界著名的资讯科技中心，拥有众多国际知名企业，包括国际商业机器公司（IBM）、微软（Microsoft）、北电（Nortel）、戴尔（Dell）等。州内被誉为"皇后之城"的最大城市夏洛特，是仅次于纽约的美国第二大银行中心，美国银行（Bank of America）及美联银行（Wachovia Bank）的总部皆设于此。

5. 高校

1795 年，北卡罗来纳州建立了美国历史上的第一所公立大学——北卡罗来纳大学（University of North Carolina）③。经过 200 多年的发展，北卡罗来纳大学已经拥有 17 所分校，最大的分校

① U. S. Bureau of Economic Analysis. Gross Domestic Product by State：Third Quarter 2016［EB/OL］. https：//www. bea. gov/newsreleases/regional/gdp _ state/qgsp _ newsrelease. htm.

② About NC［EB/OL］. http：//www. nc. gov/.

③ Education in North Carolina：Wikis［EB/OL］. http：//www. thefullwiki. org/Education_in_North_Carolina.

位于教堂山。根据美国教育部的官方统计数据，2011 年，北卡罗来纳州共有 75 所公立高校、64 所私立高校、58 所社区学院①。其中，世界闻名的杜克大学（Duke University）是全美排名第 8 位②、全球排名第 19 位的一流名校③。

2.1.2 北卡罗来纳州基础教育概况

1. 学校

基础教育（K-12）阶段，北卡罗来纳州共有 115 个学区，2 557 所公立学校，148 所特许学校（Charter School）④。州内最大的学区是威克郡学区（Wake County Public School System），2016 年，共有注册学生 153 534 人⑤。北卡罗来纳州在基础教育阶段制定了课程标准，该州的教育领导者在全美最早同时关注学习标准、学生测试和学校责任。

2. 学生

2013 年，北卡罗来纳州中小学校共有注册学生 1 518 465 人，他们来自不同种族，文化背景、家庭经济条件也各不相同。其中，白人学生占 51.86%，黑人学生占 26.2%，拉丁裔学生占 14.19%，亚裔和美洲印第安人分别占 2.63% 和 1.4%，还有

---

① U. S. Department of Education. State Education Data Profiles［EB/OL］. https://nces. ed. gov/programs/stateprofiles/sresult. asp?mode＝short&s1＝37.

② U. S. News & World Report. Best Global Universities Rankings［EB/OL］. https://www. usnews. com/education/best-global-universities/rankings.

③ U. S. News & World Report. National Universities Rankings［EB/OL］. https://www. usnews. com/best-colleges/rankings/national-universities.

④ Public Schools of North Carolina. NC Public Schools Facts［EB/OL］. http://www. ncpublicschools. org/quickfacts/facts/.

⑤ Public Education in North Carolina［EB/OL］. https://ballotpedia. org/Public_education_in_North_Carolina.

3.63%的混血儿,以及0.09%的夏威夷人和太平洋岛民。

3. 教师

2013年,北卡罗来纳州共有98 590名中小学教师,师生比约为1:15,略高于全美平均水平的1:16。全州中小学教师中,拥有学士、硕士和博士学位的教师数量分别占总数的54.2%、33.8%和7.8%,教师的学历水平整体较高;教龄在3年内、3—9年、10—20年及20年以上的教师数量分别占总数的8.4%、35.8%、34.8%和21%,中青年教师群体仍是学校教育的中流砥柱①。从2000年到2013年,美国教师的收入水平平均下降了1.3%,而北卡罗来纳州更为严重,从2000年的53 849美元下降到2013年的45 947美元,降幅达到14.7%②。

4. 校长

根据北卡罗来纳州教育委员会2013年公布的数据,全州中小学校共有2 424名校长,2 745名副校长。其中,只有67名副校长兼任教学工作,其余校长全部为专职管理人员③。校长中,白人占81.6%,黑人占15.2%,还有一部分为华裔、拉丁裔和美洲印第安人④。美国中小学校长的年薪会随着任职年限的增加而提高。根据美国教育部的数据,2017年,北卡罗来纳州中小学任职3年内、3—9年及10年以上的校长年薪分别是71 000、81 000和85 100美元,平均收入为78 900美元,低于全美校长

① National Center for Education Statistics. Teacher Qualifications[EB/OL]. https://nces. ed. gov/programs/digest/d18/tables/dt18_209. 30. asp.

② Public Education in North Carolina[EB/OL]. https://ballotpedia. org/Public_education_in_North_Carolina.

③ North Carolina Public Schools' Fast Facts[EB/OL]. https://legislative. ncpublicschools. gov/20110318-fastfacts. pdf.

④ National Center for Education Statistics. National Teacher and Principal Survey[EB/OL]. https://nces. ed. gov/surveys/sass/tables/sass1112_2013313_p1s_001. asp.

98 300 美元的平均水平①。

5. 课程

从幼儿园到高中，北卡罗来纳州基础教育学校为学生开设了英语语言艺术、数学、科学、社会科学、艺术、指导类课程、健康生活课程、图书馆/媒体/计算机技能、第二语言及劳动技能等课程。该州也是美国最早要求学生学习代数 I 课程的州。《北卡罗来纳州课程学习标准》为教师明确了学生需要掌握的能力和达到的目标，并为评估学生、学校和学区的成就提供了评价和问责模型②。

为了检测学生的课程学习情况，州内各学区会组织测试。3 至 8 年级学生参加阅读和数学测试，5 至 8 年级学生参加科学测试。所有高中段学生都需要参加代数 I、英语 I 和生物学科的结业测试。劳动技能课程的测试则通过全州统一组织的 VoCATS（Vocational Competency Achievement Tracking System）来实施。

6. 学习

在美国，公立学校学生的高中毕业率为 85%。2018 年，北卡罗来纳州学生的高中毕业率达到了 86.5%，高于全美平均水平③。2017 至 2019 年，北卡罗来纳州有 50%左右的高中学生报名参加 SAT 考试，三年考试的总成绩分别达到 1 081、1 098 和 1 100 分，高于全美三年 1 060、1 068 和 1 059 分的平均分。相较于周边的南卡罗来纳州、佐治亚州和弗吉尼亚州，北卡罗来纳州的表现也更为优越。2019 年，该州的高中学生全部报名参加

---

① National Center for Education Statistics. NTPS State Dashboard, 2017—18［EB/OL］. https://nces. ed. gov/surveys/ntps/ntpsdashboard/.

② About NC［EB/OL］. http://www. nc. gov/services-info/education-nc.

③ U. S. Department of Education. Percentage of Students Who Graduated With a Regular High School Diploma［EB/OL］. https://eddataexpress. ed. gov/dashboard/title-i-parta.

了 ACT 考试，北卡罗来纳州学生的平均成绩是 18.88 分，低于 20.6 的全美平均成绩①。

7. 教育经费

2013 年，北卡罗来纳州的基础教育经费支出大约为生均 8 390 美元，相较于全美平均水平生均 10 700 美元略低。周边几个州的人均教育经费为：弗吉尼亚州 10 960 美元，田纳西州 8 208 美元，南卡罗来纳州 9 514 美元。

北卡罗来纳州 2013 财年的教育经费共计 12 729 402 美元，其中，62%来自州财政，25.6%来自地方基金，12.4%来自联邦基金。教育经费的使用上，用于教师和教师助理的费用占 58.13%，用于帮助相关学生（包括有特殊需求的学生、危机学生、英语能力薄弱学生、残疾学生等）的费用占 14.2%，用于教学支持和教学设施等方面的经费约占 7.08%，用于职业技术教育的费用占 5.16%，学校建筑维护和管理的费用占 4.27%，校车等交通费用占 5.01%，行政办公费用占 1.41%，另有部分经费用于资助低收入学区②。

8. 教育政策

北卡罗来纳州成功实施了"力争上游"（Race To The Top）教改计划，采用了"共同核心州立标准"（The Common Core State Standards），开发了适用于全州中小学校长和教师的评价工具。但该州并没有止步于此，还将培养和奖励州内的优秀校长和教师，保持举办高质量学前教育项目的优良传统，支持扩建特许学校来满足该州快速增长的人口需求。

---

① National Center for Education Statistics. Teacher Qualifications[EB/OL]. https://nces. ed. gov/programs/digest/d19/tables/dt19_226. 60. asp.

② North Carolina Public Schools' Fast Facts[EB/OL]. https://legislative. ncpublic-schools. gov/20110318-fastfacts. pdf.

2.2 北卡罗来纳州的教育改革

2.2.1 "力争上游计划"的实施

2009 年,美国教育部在基础教育领域正式启动了"力争上游"计划,这是美国历史上数额最大的联邦教育投资计划。作为《美国复苏与再投资法案》(*The American Recovery & Reinvestment Act of* 2009)的具体实施计划,美国联邦政府从 2010 年到 2013 年,预计共投入 43.5 亿美元,旨在帮助每一位儿童都能获得成功的机会,夯实国家经济发展的教育基础。

"力争上游"计划在四个领域投资教育经费:第一,招聘并维持高素质的教师队伍,不断提高校长和教师质量;第二,建立记录学生学习情况的数据库系统;第三,改革学业评价标准;第四,改造落后学校①。由此可见,"力争上游"计划重点关注教育评价、教学测量、教师专业发展和教育变革实践,体现了美国当前教育改革与发展的前沿和关键问题②。

"力争上游"计划的教育资金并不是在全美各州之间平均分配,而是引入了一种竞争机制。各州都可以向联邦政府申请拨款,但必须充分展示其在四大领域推进教育改革的情况。43.5 亿美元的教育资金,主要是为了鼓励全美各州和地方学区积极参与基础教育改革与创新,着力提高学生的学业成绩,为就业和升学做好准备。为了获取教育拨款,全美各州纷纷行动起来,探索

①　罗瑾. 美国田纳西州教师评价政策研究 [D]. 开封:河南大学,2015.

②　凡勇昆,邬志辉. 美国基础教育改革战略新走向——"力争上游"计划述评 [J]. 比较教育研究,2011 (7):82-86.

建立基于绩效的校长和教师评价体系；采用共同标准；制定政策，保障特许学校的建设；下大力气办好薄弱学校；建立和使用数据系统；等等。

北卡罗来纳州也加入教育改革的浪潮中。为了不断提升校长和教师质量，促进校长和教师的专业发展，北卡罗来纳州启动了校长和教师评价的改革，建立并实施了发展性的评价体系——《北卡罗来纳州学校主管：校长和副校长评价过程》和《北卡罗来纳州教师评价过程》，并在具体的实践中取得了成效。最终，凭借在教育改革和发展中的突出表现，北卡罗来纳州成为"力争上游"计划的大赢家之一，获得了4亿美元的教育拨款，仅次于佛罗里达州（7亿美元）、纽约州（7亿美元）和田纳西州（5亿美元）①。

2.2.2 "三新"理念的提出

1. 学生发展新目标

为了帮助学生更好地应对21世纪的机遇和挑战，全面提升学生的能力和水平，北卡罗来纳州教育委员会于2008年提出了一系列"学生发展新目标"，即每一位学生都能顺利完成中学学业，无论是继续求学，还是选择就业，都具备全球竞争力，并为21世纪的生活做好充分的准备。

北卡罗来纳州的"学生发展新目标"不仅关注学生在学校的学习，更关心他们的全面发展和终身幸福。这一目标给该州带来了教育改革发展的机遇，同时也使该州面临新的挑战——学校领导者需要具备全新的管理视角和策略，教师需要具备21

---

① U. S. Department of Education. Race to the Top Phase 2 Final Results(PDF)[EB/OL]. https://www2. ed. gov/programs/racetothetop/phase2-applications/index. html,2010.

世纪的知识和技能，以帮助学生更好地应对未来生活，成为具备国际视野、卓有成就的社会公民。为此，就要求北卡罗来纳州改革和完善中小学校长和教师评价体系，促进校长不断创新管理理念和方法，提升管理水平；促进教师不断更新专业知识和技能，增强教学能力，从而更好地应对"学生发展新目标"的要求和挑战。

2009 年，北卡罗来纳州教育委员会和教育厅组织编写了《北卡罗来纳州校长和副校长评价过程》与《北卡罗来纳州教师评价过程》，标志着北卡罗来纳州全面改革中小学校长和教师评价方式，采用和实施全新的评价体系。

2. 教育教学新观念

为了确保学生顺利实现北卡罗来纳州教育委员会提出的"发展新目标"，北卡罗来纳州专业教学标准委员会随即提出了一系列"教育教学新观念"，主要包括：

① 教师和行政人员共同参与学校管理，对教师的评价应该基于教师对课堂和学校的贡献；

② 教师应使教学内容具有深刻的意义，并贴近学生的现实生活；

③ 教师不再照本宣科，而是和学生一起探寻解决问题的方案，教授学生核心领域的知识与技能（包括批判性思维能力、解决问题的能力、信息和通信技术素养）；

④ 21 世纪要旨（全球意识、公民素养、金融素养和健康意识）应包含在核心内容领域中；

⑤ 在课堂上，教师应鼓励学生通过使用 21 世纪所需的技能来发现如何学习和创新，以及交流自己的观点；

⑥ 在学科间整合课程和相关课题，并寻求家庭和社区的

参与；

⑦ 教师应积极反思教学实践，运用真实的、结构化的评价来评估学生的学习，证明学生的理解程度；

⑧ 教师展示终身学习的价值，鼓励学生学习和成长。

北卡罗来纳州的"教育教学新观念"，对教师的教学和自身的发展提出了新的、更高的要求。对教师工作和业绩的评价，也需要与时俱进，从全新的视角来开展。为此，北卡罗来纳州的中小学校长和教师评价体系也随之发生变化。2009 年，美国北卡罗来纳州教育委员会在原有评价体系的基础上进行改革，建立并实施了全新的中小学校长和教师评价体系。

3. 学校发展新要求

作为实现"学生发展新目标"的重要保障，北卡罗来纳州教育委员会又提出了一系列"学校发展新要求"，主要内容是：

（1）北卡罗来纳州公立学校将培养具备全球竞争力的学生

① 每个学生都参加严谨的核心课程，这些课程包括了学生在 21 世纪全球环境中需要了解和展示的内容，如掌握语言、欣赏艺术和使用技术的能力。

② 每个学生的成就都是用一个评估系统来衡量的，该系统指导教学，并评估 21 世纪所需的知识、技能、表现和潜力。

③ 每个学生都将参加一门课程的学习，为他们在国际竞争中保持领先做准备。

④ 每个学生都使用技术来获取和展示新的知识与技能，这将是一个终身学习者在不断变化的国际环境中具备竞争力所必需的。

⑤ 每个学生都有机会在高中毕业时获得副学士学位或大学先修学分。

（2）北卡罗来纳州公立学校将由 21 世纪的专业人士领导

① 每一位教师都有能力在 21 世纪的背景下，用 21 世纪的工具和技术来提供 21 世纪的内容，以保证学生的学习。

② 每一位教师和管理者都将使用 21 世纪评估系统来指导教学，衡量 21 世纪的知识、技能、行为和气质。

③ 每一位教育专业人士都将在世界的互联互通中学习知识和技能。

④ 每一位教育专业人士都将为 21 世纪做好准备，并获得与州教育委员会优先事项相一致的持续和高质量的专业发展。

⑤ 每一位教育专业人士都基于数据来做出决策。

（3）北卡罗来纳州公立学校的学生将是健康和富有责任感的

① 每个学习环境对于学生的成功而言都是温馨、支持、包容和灵活的。

② 每所学校都能为每个孩子与关心他们的成年人建立起一个积极、有益的环境。

③ 每所学校都提倡健康、积极的生活方式，鼓励学生做出负责任的选择。

④ 每所学校都注重培养学生坚强的个性、个人责任感和融入社区和世界的能力。

⑤ 每所学校都能体现一种学习文化，使学生成为终身学习者。

（4）领导团队将引领北卡罗来纳州公立学校的创新

① 学校专业人员将与国内外的伙伴合作，探索创新型变革战略，以促进变革，消除 21 世纪学生学习的障碍，加强全球联系。

② 学校领导将创造一种拥抱变革、促进动态和持续改进的文化。

③ 教育专业人士将与家长、学生、企业、教育机构、宗教团体及其他社区和公民组织合作做出决定，以促进学生的成功。

④ 公立学校专业人员将与社区学院、公立和私立大学（学院）合作，为学生提供更多的学习机会。

（5）北卡罗来纳州公立学校将建立 21 世纪管理和支持系统

① 制定财务规划和预算编制程序，重点是资源的获取并与优先事项保持一致，以最大限度地提高学生成绩。

② 提供 21 世纪的技术和学习工具，并配备具有 21 世纪学习能力的学校设施。

③ 信息和财政问责制度能够收集相关数据并报告战略和业务成果。

④ 对于不符合国家规定的学生成绩标准的学校，有相应的程序予以处罚。

北卡罗来纳州的"学校发展新要求"，在学生培养、管理创新、系统支持等方面对州内公立学校提出了具体要求。培养健康、负责任和具备全球竞争力的学生，就需要一支专业化教师队伍和高水平的管理团队。为此，北卡罗来纳州为适应 21 世纪教育改革和学校发展的需要，建立并实施了全新的中小学校长和教师评价体系，以促进校长和教师的专业发展，更好地实现学生培养目标，提升教育教学质量。

2.3 北卡罗来纳州的教育评价改革

随着美国政府对教育质量要求的不断提高，建立一支高素质的校长和教师队伍越来越受到重视。北卡罗来纳州的教育评价也随着时代的发展经历了一系列变革。

从美国教育评价的历史进程来看，从二战后期到 20 世纪 70 年代是教育评价的初步发展阶段。这一时期，虽然没有形成系统和正式的校长和教师评价体系，但北卡罗来纳州的教育部门、地方学区和学校都进行了一些有益的实践和探索。例如，1971 年颁布的《教师任职法案》（*The Teacher Tenure Act*）就要求学区和学校寻求方法以评判教师是否续聘或解雇、是否能够获得终身教职。这一时期的评价更侧重对课程和课堂管理的评估，以及对课堂教学水平和学生学习效果的评判，而且评价问责的形式也较为僵硬。到了 20 世纪 70 年代后期，北卡罗来纳州教育部门要求每年都对教师进行评价，并重视评价工具的开发，尝试通过搜集对教师责任的看法，并结合现场观察来对他们的工作进行评价。

20 世纪 80 年代，美国社会开始由工业社会向信息社会转变，工业生产劳动从劳动密集型向知识密集型转变，提高教育质量和公民的科学文化水平成为时代的迫切要求，教育发展驶入了快车道。1983 年，美国国家卓越教育委员会（National Commision on Excellence in Education）发表了具有历史影响力的报告《国家处于危机之中：教育改革势在必行》（*A Nation at Risk：The Imperative of Education Reform*），进一步加快了评价改革的步伐。如何更好地评判校长和教师的工作表现，从而促进校长、教师和学生的共同发展，成了北卡罗来纳州教育部门的核心问题。随后，北卡罗来纳州教育委员会研究制定了《北卡罗来纳州校长绩效评估工具》和《北卡罗来纳州教师绩效考核体系》，并在全州范围内推广。这两个评价方案是该州第一个真正意义上的评价体系，包含形成性评价和总结性评价，兼顾了对校长和教师工作的观察，并开始重视对他们的培训和指导。到了 20 世纪 90 年代后期，北卡罗来纳州教育部门又开始重新审视已经实施了 10 多年的校长和教师评价政策的效度和信度，并考虑谋划教育评价体系的迭代升级。

进入 21 世纪，随着经济全球化和国际竞争的日益激烈，各国都高度重视教育发展和人才培养。2005 年，美国总统布什强调要为高中学生的未来做更多的准备，提出教育要保证每一个高中毕业生具有在大学和全球性竞争的工作场取得成功所需的技能。2009 年，奥巴马政府正式启动"力争上游"计划，在全美掀起了一场教育改革的浪潮。由此，教育评价改革再次迎来了新的发展机遇。基于美国国家战略要求和时代发展需要，北卡罗来纳州教育委员会提出了一系列全新的面向 21 世纪的学校管理人员标准和教师专业教学标准，这些标准被充分理解和吸收，作为构建新的校长和教师评价体系的理论基础和重要依据。北卡罗来纳州全新制定实施的校长评价体系《北卡罗来纳州学校主管：校长和副校长评价过程》和教师评价体系《北卡罗来纳州教师评价过程》蕴含了许多创新理念，如专业发展、培训指导、同行评价和作品展示等，学区、学校、师生、家长和社区多方协作，共同参与，形成了一个教育评价的紧密联盟，开启了教育评价改革的新篇章。

3　美国北卡罗来纳州中小学校长评价体系

　　为了加快建设教育强国，落实立德树人的根本任务，就必须建设一支高素质、专业化的校长队伍。作为学校高层管理者，校长在学校改革发展、教师专业成长及学生学业进步等方面扮演着重要角色。

　　校长评价是衡量校长素质表现的重要手段，它可以对学校管理工作起到导向、监督、诊断、激励和促进作用，还可以帮助校长树立高尚的师德、丰富专业知识、提高管理绩效，对学校和学生的发展产生积极影响。因此，建立健全校长评价体系意义重大。

　　2009 年，美国北卡罗来纳州教育委员会根据《北卡罗来纳州学校管理人员标准》，建立并实施了适用于全州各中小学校级领导的评价体系，即《北卡罗来纳州学校主管：校长和副校长评价过程》，并于 2012 年修订更新。

3.1　评价目的

　　北卡罗来纳州中小学校长评价的主要目的包括以下五个方面：

① 校长反思和改进领导效能的指南；

② 为高等学校开发校长学位课程的内容和需求提供服务；

③ 关注学区在支持、监督和评价校长时的目的和目标；

④ 指导校长的专业发展；

⑤ 促进校长的培训指导项目。

北卡罗来纳州的中小学校长评价重点聚焦在三个方面：一是关注校长在治校实践中的领导水平和管理能力，促进学校育人质效的不断提升；二是关注校长的专业发展，着力提高校长的职业素养和专业化水平；三是关注校长的培训和培养，更好地开发设计校长专业课程，为校长人才队伍建设提供有力保障。这一校长评价体系，既关注在任校长的管理实绩和专业成长，也关注新生代校长的培养和指导，以校长队伍的可持续发展促进学生、教师、学校和社区的共同成长。

3.2 岗位职责

为了确保评价工作的平稳有序推进，北卡罗来纳州对评价人员（学区总监或其指定人员）与被评价人员（校长和副校长）的职责做出了明确规定，以保证双方各司其职、各尽其责。

校长和副校长的职责主要包括：熟知并理解《北卡罗来纳州学校管理人员标准》；清楚了解《北卡罗来纳州学校主管：校长和副校长评价过程》的政策要求；为初始会议做好准备，包括自我评估，确定绩效目标和学校正在进行的变革举措；收集数据、作品和证据，以展示自己努力实现绩效目标的表现和过程；制定并实施策略以提高个人绩效或实现个人或团队确定的目标；参加年中和期末评估会议。

评价人员的职责主要包括：熟知并理解《北卡罗来纳州学校管理人员标准》；参加培训，学习并实施《北卡罗来纳州学校主管：校长和副校长评价过程》；确定校长、副校长的优势和需要改进的地方，并提出改进绩效的建议；确保校长、副校长评价表上的内容包含精准信息，并能准确反映校长、副校长的绩效。

3.3 评价等级

《北卡罗来纳州学校主管：校长和副校长评价过程》设定了五个不同的评价等级。

① 不合格（Not Demonstrated）：根据绩效标准的要求，校长既没有展现出胜任能力，也没有获得足够的成长。

② 合格（Developing）：相对于实现标准而言，校长的表现能体现出充分的成长，但基于绩效标准未能展现出胜任能力。换言之，校长知道自己所需的技能，却尚未掌握。

③ 熟练（Proficient）：基于绩效标准，校长可以展现出基本胜任职务的能力。

④ 优秀（Accomplished）：校长在大多数时候都超越了绩效标准规定的基本能力，掌握了广泛的、不同层次的技能。

⑤ 卓越（Distinguished）：基于绩效标准，校长持续且显著地超越了基本的胜任能力。

一旦评价等级打出"不合格"，评估人员必须做出说明，给出理由。

3.4 评价程序

校长通过自我评价、反思总结、信息收集等环节，参与评价，促进成长。具体来讲，北卡罗来纳州的中小学校长评价主要包括七个程序：

（1）职前培训（Orientation）

新学年之初，学区总监或其指定人员将为学区内所有中小学校长和副校长开展职前培训，每位校级领导都将获得一套完整的评估资料。

（2）预评估规划/初始会议准备（Pre-Evaluation Planning/Preparation for Initial Meeting）

校长和副校长根据《北卡罗来纳州校长评价量规》完成一次自我评价，评价结果将作为制定发展目标的基础。

（3）初始会议（Initial Meeting Between Principal/Assistant Principal and Superintendent/Designee）

校长、副校长与学区总监或其指定人员单独举行会谈，讨论自评结果，制定发展目标，确定需要收集的证据和数据。他们将就完成评估过程所需的数据、证据和作品达成一致，以确认校长和副校长的表现水平。

（4）数据收集（Data Collection）

这些数据可能包括量规中每条标准所列举的相关作品；来自家长、学生和社区的反馈；年内完成的专业发展文件；其他一些记录绩效目标实现情况的数据。数据主要由校长和副校长负责收集。在此期间，学区总监或其指定人员会到访学校，观察环境，并与教职员工交流互动，了解情况。

（5）年中评估（Mid-Year Evaluation Between Principal/Assistant Principal and Superintendent/Designee）

校长和副校长与学区总监或其指定人员再次单独会谈，讨论在实现年度目标的过程中所取得的进步。年中评估重点关注目标达成情况，以及为了在学年结束前达成目标，而必须对行动计划做出的中期调整。

（6）综合绩效评估（Prepare a Consolidated Performance Assessment）

校长和副校长综合所获取的信息，通过综合绩效评价，对全年的工作表现做出全面的评估。评估结果应在年终会议前提交给学区总监或其指定人员。

（7）总结性评价会议（Meeting Between Principal/Assistant Principal and Superintendent/Designee）

学年结束前，学区在学校组织召开年终会议，校长、副校长与学区总监或其指定人员共同讨论校长和副校长的自我评估、综合绩效评估、到校观察情况、提交的相关作品等。最终，根据所有评价人员的评定结果，对校长和副校长做出总结性评定。同时，这次会议还将商定校长和副校长下一学年的绩效目标。

3.5　评价量规

3.5.1　理论基础

1. 北卡罗来纳州学校管理人员标准

随着教育改革的不断深入，基础教育的使命也随之发生变化，这预示了中小学校迫切需要新型领导人员。与普通的行政人员不同，他们是更加适应 21 世纪教育变革的专业管理人员。北卡罗来纳州教育委员会和教育厅于 2006 年颁布实施《北卡罗来纳州学校管理人员标准》，并分别于 2011 年 7 月和 2013 年 5 月修订完善，旨在提升全州中小学校领导的素养与管理水平。

（1）学校领导新视野

学校教育使命的变革呼唤新型学校领导——即学校需要的是领导者而不再是管理者。学校领导不再只是通过实施一系列复杂操作来维持现状，而是应该像商界管理层一样，能够为了提高绩效而将学校创建为快速学习与变革的组织。学校需要雷厉风行的领导者，这样的领导者善于创造变革体系，善于与员工建立良好关系，善于利用集体性知识和洞察力，激发对学生工作的热情。学校领导者应与教职员工建立共同的发展愿景，以实现学校工作的目标、指导学校行动的价值观，并做出一系列保障每个人决策的信念和目标的承诺。教职员工对学校身份的认同，使他们能够与学生、家长和社会利益相关者建立起强大的联盟和伙伴关系，从而增强自身能力，促进学生成绩的提高。新任学校领导者若想获得成功，就必须着力构建一种学校文化，鼓励教师参与领导权分配，尊重开放、诚实的沟通，注重数据的运用、团队合作和基于研究的最佳实践，使用现代工具推动有道德、有原则、有目标的行动。这种自律的思想和行动文化植根于所有利益相关者之间的关系，目的在于建立一个信任和透明的环境，减轻所有利益相关者在应对转型变革挑战时的脆弱感。

（2）标准的哲学基础

北卡罗来纳州学校管理人员标准主要基于以下信念：

① 学校必须有积极进取的领导者，他们要有强烈的紧迫感。

② 学校管理的目标是改造学校，使学校在运营过程中不断进行大规模的、可持续的改进。

③ 学校管理的道德目标是创建适合所有学生学习的学校，大幅缩小高绩效和低绩效之间的差距，学生所学的知识将为他们的未来做好准备。

④ 领导力不是指具体的职位或个人，而应该是一种实践，必须嵌入学区各个层级所有的工作角色中。

⑤ 领导的工作是与人一起工作，为人工作，并通过人来工作，这是一种社会行为。无论我们讨论的是教学领导力、变革领导力还是学习领导力，人总是领导者的媒介。

⑥ 领导力并不是事事亲力亲为，而是要积极创造条件，制定流程和系统支持一切的发生。

⑦ 领导力是管理人员选拔和培养高效行政团队的能力，彼此间的互补优势可以帮助他们获得卓越表现。

⑧ 领导力的概念在本质上是极其复杂和系统的，将领导力的各个部分孤立起来，就会完全失去整体的力量。领导力不仅仅是知道要做什么，还应该知道为什么要做、怎么做，以及什么时候做。

⑨ 在学区内有嵌套的领导系统（包括当地教育委员会、学区办公室、学校和教室）。为了使组织成功，这些系统必须协调一致、相互支持，并作为一个团队发挥作用。

⑩ 领导力是把握方向，能够调动和激励所有人实现积极、持续的进步。

⑪ 领导者在工作中秉持"以人为本"的理念，实现环境与个人相匹配对于领导者的成功至关重要。

（3）标准的预期目标

《北卡罗来纳州学校管理人员标准》作为校长和副校长的工作指南，能够帮助他们在职业生涯的各个阶段不断地反思和提高自身的领导才能。尽管对学校领导者的发展有多方面影响，这些标准仍将成为校长和副校长在 21 世纪成长和发展的重要指引。当然，有人可能会质疑："一个人如何能具备所有的这些能力呢?"答案自然是否定的。因此，学校领导者必须认识到建立一支具有互补技能的行政团队的重要性。团队中存在的多样性越高，团队就越有可能在所有关键职能领域展现出卓越的绩效。学校领导者的主要职责就是在整个学校及其社区中建立统一的领导系统。

此外，这些标准还将为其他受众和目的服务。这些标准的主要作用是：为高等学校开发校长学位课程的内容和需求提供服务；在学区支持、监督和评估学校管理人员时关注目标和目的；指导学校管理人员的专业发展；作为制订学校管理人员培训与指导计划的工具。

（4）标准的内容与实践

《北卡罗来纳州学校管理人员标准》共包含八个方面：

① 战略领导力

学校管理人员在执行有效的战略领导时，将会：

·帮助孩子们为步入 21 世纪做好准备，共同展望不断变革的新世界；

·通过领导变革带来潜在有益的结果，系统地挑战现状；

·系统地考虑完成任务的新方法，并实现程序执行方式的重大变革；

·利用北卡罗来纳州教师工作条件调查中的数据，来制定学校改进计划中的持续改善框架；

·成为帮助学生掌握 21 世纪重要技能的推动力；

·与所有利益相关者一起创造一个能够吸引人们注意力和想象力的学校愿景；

·创建由所有学校利益相关者定期审查和修订学校愿景、使命和战略目标的程序；

·建立流程以确保学校的身份（愿景、使命、价值观、信念和目标）能够真正推动决策实行，并同时体现学校文化；

·遵守有关学校改进计划的法定要求；

·合作制订学校年度改进计划，以实现战略目标；

·促进与州教育委员会设定的目标与任务相一致的学校改进计划的成功实施；

·促进国家教育政策在学校教育中的实施；

·帮助学生设定和实现具体的高水平目标；

·传播关于学校、教学和学习的专业理念，及时反映最新研究和最佳实践，为学生在大学或工作中取得成功做好准备；创建在整个学校分配领导力的流程。

② 教学领导力

学校管理人员在执行有效的教学领导时，将会：

·通过发起和引导针对高期望和具体目标的教师教学和学生学习的对话，将自己和他人的注意力持续、公开地集中在教学和学习上；

·创造一个实践分布式的领导和教师赋权的环境；

·通过组织或参加教师和家长会议，与教职员工、学生、家长进行频繁的正式或非正式对话，展示对 21 世纪课程、教学和评价的知识；

·确保学校课程与州问责制计划之间具有适当的逻辑一致性；

·创建流程和时间表，以促进合作（团队）设计、共享、评估和归档严格的、相关的、有吸引力的教学课程，确保学生获得必要的知识；

·要求教职员工深入思考和定义哪些知识、技能和概念对于学生的全面发展至关重要；

·建立收集和使用学生测试数据及其他来源的形成性数据的程序，以不断改进教学；

·创建识别与基准化程序，为学生提供各种21世纪的教学工具（例如技术）和最佳实践，以满足不同学生的学习需求；

·创建程序，确保资源的战略性配置和使用，以满足教学目标和教师支持的需求；

·创建程序，就课堂教学的有效性向教师提供正式反馈；

·建立机制，保护教师免受可能会干扰其教学时间的事务的影响，并经常在课堂上进行系统观察，与学生就其学习情况进行对话。

③ 文化领导力

学校管理人员在执行有效的文化领导时，将会：

·创建一个基于现场管理的协作型工作环境，以支持"团队"成为学校内部学习和决策的基本单位，并促进教职员工之间的团结协作；

·与教师、员工、学生和家长交流关于学校教育、教学和专业学习社区的坚定理想和信念，然后根据这些信念进行操作；

·影响学校文化的发展，以支持学校改进计划中所阐述的相关内容持续改善；

·系统地开发和使用共同的价值观、信念和愿景，建立学校形象，强调社区意识与合作精神，以指导所有教职员工和学生的行动；

·既能直面失败，也能肯定和表彰学校和教职员工的成功；

·旗帜鲜明地支持学校社区积极的、与文化相关的传统；

·提升教职员工、学生和家长的幸福感；

·在教职员工中建立效能感和授权感，在面临挑战时形成"我能行"的态度；授权员工为学校改进而推荐的 21 世纪的创意理念。

④ 人力资源领导力

学校管理人员在执行有效的人力资源领导时，将会：

·提供与学校改进计划相一致的有效专业学习社区的发展结构，以结果为导向，以教学规划和 21 世纪学生学习的集体责任为特征；

·参与发展个人知识和技能及提升自我意识的活动，强调成人继续教育的重要性；

·对教职员工完成实质性成果以提高效率的能力表示肯定；

·创建流程，使教师在学校内部发挥领导和决策作用，促进其职业发展；

·创建并监督新教师和其他员工的招聘、入职和指导流程；

·为教师和其他员工创造并维持积极的工作环境；

·以公平、公正的方式对教师和其他员工进行评估，并利用评估结果来提高绩效；

·提供以结果为导向的专业发展，使其与已确定的 21 世纪课程、教学和评价需求保持一致，与学校改进目标相联系，并根据教职员工的需求进行区分；

·不断寻求最佳的人事安排，充分发挥各自优势，确保人岗相适、人尽其用，参与学校的专业活动。

⑤ 管理领导力

学校管理人员在执行有效的管理领导时，将会：

·建立程序，为学校项目和活动提供平衡的运营预算；

·建立程序，为学校招募和留任高素质的教师，以满足学生的多样化需求；

·建立程序，以公平、民主的方式识别、化解、解决和消除与学校有关的问题或冲突；

·设计沟通系统，以确保与学校和学区工作人员及时共享信息；

·设计调度流程和协议，最大限度地提高教职员工的积极性，满足学生多样化的学习需求；

·通过为每位教师提供个性化、持续性的合作计划来为学校制定总进度表，以最大限度地提高学生的学习水平；

·通过协作，为学生和教职员工制定并实施清晰的目标、架构、规则和程序。

⑥ 外部发展领导力

学校管理人员在执行有效的外部发展领导时，将会：

·实施授权家长和其他利益相关者做出重大决策的程序；

·创建让所有社区利益相关者共同承担学生和学校成功责任的系统；

·设计协议和流程，确保遵守州和地区法规；

·创造机会向社区和家长宣传学校；

·根据地方教育局的政策，将学校成绩传达给学区办公室和公众媒体；

·从社区获得财政、智力和人力资源，支持学校的 21 世纪学习议程；

与个人和团体建立良好关系，以支持学习改进议程，并积极争取主流民意的支持。

⑦ 微观政治领导力

学校管理人员在执行有效的微观政治领导时，将会：

·通过学校改进小组做出决策，并为教职员工提供参与制定学校政策的机会；

·创建一个环境和机制，确保所有内部利益相关者的声音都能得到倾听；

·创建流程和协议，以维护和保障教职员工的利益；

·让教师和员工易于接近；

·设计透明的制度，公平地管理人力和财务资源；

·敏锐感知教职员工的个人需求；

·对非正式团体和学校教职员工之间的关系有充分认知，并将其作为资源加以积极利用；

·察觉学校中潜在的不和谐问题；

·鼓励人们发表有悖于权威的观点；

·能够预测每天可能出现的问题；

·将绩效作为奖励和晋升的主要标准；

·经常在校园内巡视，保持较高频率的露面；

·在整个学校社区保持开放、直接和扁平式沟通。

⑧ 学业成就领导力

学校管理人员在执行有效的学业成就领导时，将会：

·根据全州教育工作者有效性增长模型计算，展现可接受的全校增长。

《北卡罗来纳州学校管理人员标准》中的各项条款在实践中是相互关联的，它们并不是孤立的能力或实践。管理人员在每个标准中的能力将影响他们在其他标准领域中有效执行的能力。例如，校长评价和培养教职员工的能力将直接影响学校实现目标的能力，也将影响学校文化规范的形成。

2. 学校管理人员职业素养

为了更好地促进学校的管理实践，北卡罗来纳州教育委员会和教育厅在制定八项学校管理人员标准的同时，提出了管理人员职业素养的概念。职业素养是有效实施实践所需的知识（事实知识和经验知识）与技能的组合。事实知识仅仅是"知道"内容。经验知识则是从理解中获得的知识，包括知晓时间和原因。技能使经验知识结构化。只有当领导者能够将所积累的知识分解成一系列步骤，并学会遵循这些步骤，才能有效付诸实践。在每个成功的领导实践中，都有许多内在的关键素养。校长个人不一定拥有全部的职业素养，但他必须确保培养一支团队，拥有这些职业素养，并且具有极强的执行力。

北卡罗来纳州学校管理人员职业素养主要包括：

·沟通力（Communication）。有效地倾听他人的意见；以口头和书面形式清晰有效地呈现和理解信息；获取、组织、分析、解释和维护实现 21 世纪学校或团队目标所需的信息。

·变革管理力（Change Management）。鼓励员工和社区参与变革过程，并确保他们支持变革及其成功实施。

·冲突管理力（Conflict Management）。以建设性的方式预期或寻求解决冲突、分歧或投诉。

·创新思维力（Creative Thinking）。为他人营造创新思维的环境。

·客户导向（Customer Focus）。理解学生是学校工作的客户和领导的公仆性质，并据此开展工作。

·授权力（Delegation）。有效地将工作任务分配给其他人，为他们提供学习经验，并确保学校的高效运作。

·对话/询问力（Dialogue/Inquiry）。善于营造一个无风险环境，让人们参与探讨阻碍学校表现的问题、挑战或不良关系。

·情绪智力（Emotional Intelligence）。能够通过自我意识和自我管理来约束自己，能够通过移情、社会意识和关系管理来处理社会关系。这种能力对于在整个学校社区建立牢固、透明、信任的关系尤为重要。

·环境意识（Environmental Awareness）。意识到并能随时了解可能对学校政策、实践、流程和职位产生潜在影响的外部和内部趋势、利益与问题。

·全球视野（Global Perspective）。了解全球新经济的竞争性质，清楚知道学生在这一竞争中取得成功所必须具备的知识和技能。

·判断力（Judgment）。有效地得出合乎逻辑的结论，并基于现有信息做出高质量决策，对重大问题给予优先考虑和谨慎对待，分析和解释复杂信息。

·组织能力（Organizational Ability）。有效地计划与安排自己和他人的工作，例如安排活动流程和建立监视项目的程序，以便合理利用资源。

·个人道德与价值观（Personal Ethics and Values）。始终在诚实、正直、公平、管理、信任、尊重和保密等方面表现出高标准。

·个人绩效责任（Personal Responsibility for Performance）。通过关注需要改进和增强的领域来主动、持续地提高绩效；积极寻求并有效运用他人的反馈；对自己的行为负全部责任。

·执行力（Responsiveness）。及时处理问题、质询和信息请求。创建清晰的结构，以变通的方式应对请求或状况。

·结果导向（Results Orientation）。有效地承担责任。确认何时需要做出决定。在出现问题时立即采取行动。解决短期问题，同时兼顾长期目标。

·敏感度（Sensitivity）。有效地感知他人的需求和关注；在情绪紧张的情况下或在冲突中与他人打交道。面对不同种族、文化和宗教背景的人时，知道要传达什么信息。

·系统思维力（Systems Thinking）。理解学校和学区之间、系统和外部利益相关者之间的相互关系与影响，并将这种理解应用于促进学校或团队的成功。

·技术（Technology）。有效利用最新技术，不断改善学校管理，增强学生的学习能力。

·时间管理力（Time Management）。有效利用可用时间完成工作任务和活动，从而在工作和学习中取得理想成绩，召开高效的会议。

·远见力（Visionary）。通过创造环境和结构来刺激利益相关者的梦想，以实现利益相关者对学校成为所有学生梦想之地的预期。

3.5.2 量规内容

在《北卡罗来纳州学校管理人员标准》的基础上，北卡罗来纳州教育委员会编制了包含 8 项标准、20 条要素的中小学校长评价量规。

标准Ⅰ：战略领导力

a：学校的愿景、使命与战略目标。

学校的属性在一定程度上取决于学校的愿景、使命、价值观、信念和目标，以及它们在学校社区生活中的体现方式。

b：引领变革。

校长和副校长阐明改进与变革的愿景和实施战略，从而有助于提高所有学生的学业成就。

c：学校改进计划。

学校改进计划为学生提高成绩所需的愿景、价值观、目标和变革搭建了支架。

d：分布式领导力。

校长和副校长创建并利用流程将领导和决策分配到整个学校。

标准Ⅱ：教学领导力

a：关注教与学、课程、教学与评价。

以研究和实践为基础，校长和副校长带头讨论课程、教学和评价的标准，以建立和实现对学生的高期望。

b：关注教学时间。

校长和副校长制定程序和时间表，以保护教师的教学或准备时间不受干扰。

标准Ⅲ：文化领导力

a：关注协同工作环境。

校长和副校长理解协同工作环境在学校文化中所能发挥的积极作用，并以此为基础采取行动。

b：学校文化与认同。

校长和副校长系统地开发和使用共同的价值观、信念和愿景，以建立强调社区意识与合作精神的学校形象，引导所有教职员工和学生自律地思考和行动。

c：承认失败，庆祝成就和奖励。

校长和副校长既能理性承认学校的失败，也能公正庆祝学校的成就，以确定学校的身份、文化和表现。

d：效能与赋权。

校长和副校长在全校教职员工中培养效能感和赋权感，在面临挑战时展示"我能行"的态度，从而积极影响学校的身份、文化和表现。

标准Ⅳ：人力资源领导力

a：专业发展与学习共同体。

校长和副校长确保学校是一个专业的学习社区。

b：招聘、聘请、分配和指导教职员工。

校长和副校长建立流程和制度，以确保教职员工工作的高质高效。

c：教职员工评价。

校长和副校长以公平公正的方式评估教职员工，旨在改进他们的表现，从而提高学生的成绩。

标准Ⅴ：管理领导力

a：学校资源和预算。

校长和副校长创建流程，为学校计划和活动提供平衡的运营预算。

b：冲突管理与调节。

校长和副校长合理有效地管理人际交往的复杂性，以公平、民主的方式识别和解决校内的问题和冲突，以便使学校能够将工作重点放在提高学生的成绩上。

c：系统交流。

校长和副校长设计并运用各种正式和非正式的形式交流，为教职员工提供及时、负责的信息共享，以便学校能够把重点放在提高学生成绩上。

　　d：学校对学生和教职员工的期望。

　　校长和副校长为学生和教师制定并实施明确的期望、架构、规则和程序。

　　标准Ⅵ：外部发展领导力

　　a：家长、社区的参与和帮助。

　　校长和副校长确保学校的组织机构和程序能使家长和社区以主人翁的身份参与和支持学校。

　　b：联邦、省州和学区授权。

　　校长和副校长设计协议和流程，以确保遵守联邦、省州和学区的各项规定。

　　标准Ⅶ：微观政治领导力

　　校长和副校长要创造环境和机制，确保所有内部利益相关者的声音都能被听到和尊重；通过与教职员工建立系统关系，充分发挥他们的专业知识和影响力，从而影响学校的身份、文化和绩效。

　　标准Ⅷ：学业成就领导力

　　校长和副校长要为学生的学业成功做出贡献。学校管理工作应致力于帮助学生取得可接受、可衡量的进步，并能基于既定的绩效预期，运用适当的数据来证明学生的成长。校长和副校长在此项标准中的评级由全校学生的成长价值决定，而该值是根据全州教育者效能增长模型计算得出的。

　　赵德成教授认为，表现性评价（Performance Assessment）通常要求被评价者在某种特定的真实或模拟情境中，运用先前所获得的知识完成某项任务或解决某个问题，以考察其知识与技能的掌握程度，或者问题解决、交流合作和批判性思考等多种复杂能力的发展状况①，是对能力（或倾向）的行为表现进行直接评价的方法②。表现性评价表的编制过程，主要包括确定所要评价的能力、确定表现性任务，以及确定评分的方法。

对校长的表现性评价研究，有助于阐明校长的专业发展目标，有助于评价校长"做"的能力，也有助于校长知识与技能的整合与综合运用。北卡罗来纳州的中小学校长评价是典型的表现性评价。学校管理是在真实情境中发生的，校长在学校的发展和运营中，直接与教职员工、学生、家长和社区等打交道，直面各种真实发生的问题与挑战。量规用 8 项标准、20 条要素，全面系统地提出了评价校长所需具备的知识和技能，结合编制可供观察、易于把握的观察量表，指导评价人员在真实学校管理情境中对校长的表现进行全方位的评估。

评价校长的工作质量绝不是件容易的事，必须首先确定适当的评价准则③。北卡罗来纳州紧紧围绕学校管理人员专业标准和职业素养的要求，因地制宜地制定了中小学校长评价量规，既关注学校的绩效目标，也关注学生的学业成就；既关注校长的理论素养，也关注校长的实践水平；既关注校长自身知识和技能的提升，也关注学生、学校的共同发展。

---

① 赵德成. 表现性评价：历史、实践及未来［J］. 课程·教材·教法，2013（2）：97-103.

② 王小明. 表现性评价：一种高级学习的评价方法［J］. 全球教育展望，2003（11）：47-51.

③ 程晋宽. 美国中学校长评价制度浅析［J］. 外国中小学教育，1997（2）：32-35.

3.6 评价量表

3.6.1 校长评价表（校长自评、学区评价）

标准Ⅰ：战略领导力

校长、副校长将创造条件，在战略上重新塑造学校在 21 世纪的愿景、使命和目标。在理解学校应该为学生的未来做好充分准备的基础上，教育领导者要创造一种探究气氛，通过建立其核心价值观和对其理想未来的信念来迎接学校社区面临的挑战，发展一条通往未来的道路，不断实现自己的目标，见表 3-1。

表 3-1 战略领导力

要素Ⅰa：学校的愿景、使命与战略目标。 学校的身份在一定程度上取决于学校的愿景、使命、价值观、信念和目标，以及它们在学校社区生活中的体现方式				
合格	熟练	优秀	卓越	不合格（需注释）
□培养校长自己对 21 世纪不断变化的世界的看法	□为学生制定共同愿景和战略目标，以反映对学生和员工的高期望 □在整个学年中保持对愿景和战略目标的关注	□与利益相关者一起为学校创造一个能够吸引人们注意力和想象力的愿景 □设计并实施协作流程，收集和分析学校进展的数据，以便定期审查和修订学校的愿景、使命和战略目标	□确保学校的身份（愿景、使命、价值观、信念和目标）能够真正推动学校的决策，展现学校的文化 □根据数据展开对学校愿景和目标的转变，以提高绩效、丰富学校文化	

要素Ⅰb：引领变革。
校长、副校长阐明改进与变革的愿景和实施战略，从而有助于提高所有学生的学业成就

合格	熟练	优秀	卓越	不合格（需注释）
□识别改进学生学习所需的变化	□系统地考虑新的更好的领导方式，以提高学生成绩，并让利益相关者参与变革过程	□根据学校和社区不断变化的需要，调整或改进领导风格 □对实施过程和完成任务的重大变化感到满意 □定期系统地向所有利益相关者通报变革进程的影响	□是帮助学生获得21世纪技能的主要举措的推动力 □系统地挑战现状，领导变革，带来潜在的有益结果	

要素Ⅰc：学校改进计划。
学校改进计划为学生提高成绩所需的愿景、价值观、目标和变革搭建了支架

合格	熟练	优秀	卓越	不合格（需注释）
□了解有关学校改进计划的法定要求	□促进协作制订年度学校改进计划，以实现战略目标 □运用北卡罗来纳州教师工作条件调查数据和其他数据来源，制订学校改进计划框架	□促进与州教育委员会、地方教育委员会的任务及目标相一致的学校改进计划的成功执行 □系统地收集、分析和使用有关学校实现战略目的和目标进展情况的数据	□将持续改进原则和21世纪创新改进理念纳入学校改进计划	

要素 I d：分布式领导力。
校长、副校长创建并利用流程将领导和决策分配到整个学校

合格	熟练	优秀	卓越	不合格 （需注释）
□征求各利益相关团体的意见，包括教师和家长/监护人	□让家长/监护人、社区和教职员工参与学校管理、课程和教学的决策	□确保家长/监护人、社区和教职员工有自主决策权，并支持作为集体决策过程中的一部分所做出的决定	□鼓励教职员工在校外承担领导责任	
□理解为教师提供机会在校内担任领导和决策角色的重要性	□为教职员工提供领导力培养活动	□通过让教职员工承担领导和决策角色，为他们创造展示领导技能的机会	□将教师和教辅人员纳入学校的领导和决策角色，以促进参与教师的职业发展	

点评：

校长作品示例：

□学校改进计划

□学校愿景、使命、价值观、信念和目标的陈述

□北卡罗来纳州教师工作条件调查

□利益相关方参与制定愿景的证据

□学校改进团队使命、价值、信念和目标陈述的证据

□学生成绩和测试数据

□共享决策和分散式领导的证据

□360 度反馈

□_____

标准Ⅱ：教学领导力

校长、副校长为 21 世纪的教学和评估的专业实践制定了高标准，从而形成了一个严肃负责的环境。学校行政人员必须了解最佳的教学和实践，必须利用这些知识在学校内建立协作结构，为学生设计参与度的作业，对这项工作进行持续的同行评比，并在整个专业团体中分享这项工作，见表 3-2。

表 3-2　教学领导力

要素Ⅱa：关注教与学、课程、教学与评价。以研究和实践为基础，校长、副校长带头讨论课程、教学和评价的标准，以建立和实现对学生的高期望				
合格	熟练	优秀	卓越	不合格（需注释）
□根据教学和法律要求，收集和分析学生评估数据	□系统地关注教与学、课程、教学与评价的一致性，最大限度地提高学生的学习	□确保教与学、课程、教学与评价的协调一致，最大限度地提高学生的学习能力	□确保教与学的知识成为学校专业学习共同体的基础	
□为学生提供各种 21 世纪的学习工具，包括技术工具	□组织有针对性的培训让教师学习如何教好自己的科目	□创建一种文化：确保所有学生都成功是全体教职员工的责任	□鼓励教职员工深入思考和界定哪些知识、技能和概念对学生的全面教育发展至关重要	
	□确保学生有机会学习和运用 21 世纪的学习工具（包括技术工具）来解决问题			

续表

要素Ⅱb：关注教学时间。
校长、副校长制定程序和时间表，以保护教师的教学或准备时间不受干扰

合格	熟练	优秀	卓越	不合格（需注释）
□理解教师每天都需要有计划的时间和免受打扰的午餐时间	□遵守规划和教学时间的法律要求	□确保教师有法定的每日计划和午餐时间	□制定学校时间表，使所有教师都有个人和团队协作计划时间	
□设计适合不同年龄段的学校时间表，以满足不同学生群体的学习需求	□制定一个主时间表，通过为每位教师提供持续的协作计划，最大限度地提高学生的学习效果	□定期、认真地实施程序，以保护教学时间不受干扰	□系统监控主时间表对协作计划和学生成绩的影响	
	□设计日程安排流程和协议，最大限度地提高员工投入，满足学生不同的学习需求		□确保学区领导了解个人和团队计划时间的数量和安排	
点评：				

校长作品示例：

□学校改进计划

□使用形成性评价工具来影响教学的记录

□北卡罗来纳州教师工作条件调查

□学生成绩和测试数据

□学生退学数据

□目标导向的个性化教育计划的开发与交流

□团队发展的证据和课堂教学的评价

□研究性实践与策略在课堂中的运用

□记录每位教师个人与合作计划的学校主时间表

□360 度反馈

□_____

标准Ⅲ：文化领导力

校长、副校长了解学校文化在促进学校模范绩效（即指能合理预期的最佳绩效）方面所起的重要作用，并据此采取行动。校长、副校长必须支持和重视学校社区的传统、作品、象征及积极的价值观和规范，从而产生认同感和自豪感，以此来构建积极的未来。如果有必要，校长、副校长必须具备对学校文化重新定义和诠释的能力，以实现学校促进学生和成人学习的目标，并为成人和学生的工作注入激情、意义和目的。文化领导力意味着每天都要了解学校和学校里的人，了解他们是如何达到现状，以及如何与他们的传统联系起来，以推动他们前进，支持学校实现个人和集体目标的努力，见表3-3。

表3-3 文化领导力

要素Ⅲa：关注协同工作环境。
校长、副校长理解协同工作环境在学校文化中所能发挥的积极作用，并以此为基础采取行动

合格	熟练	优秀	卓越	不合格 （需注释）
□了解学校内部协作工作环境的特点	□设计学校内部协作和积极工作环境的要素	□利用基于现场管理和决策、社区意识和学校内部合作的协作工作环境	□构建一个协作的工作环境，促进教职员工之间的团结与合作	
□理解从教师工作条件调查中获得数据的重要性，以及来自家长、学生、教师和利益相关者反映学校内部教学环境的其他数据源的重要性	□参与并依靠学校改进小组和其他利益相关者的意见来决定学校政策	□监督学校政策的执行和响应，并向学校改进小组提供反馈意见供其参考	□促进协作（团队）设计、共享、评估和归档那些严谨、相关及引人入胜的教学课程，确保学生获得必要的知识和技能	
	□利用教师工作条件调查数据和其他来源获得的数据来了解对工作环境的看法	□根据教师工作条件调查数据和其他来源获得的数据，发起变革		

要素Ⅲb：学校文化与认同。
校长、副校长系统地开发和使用共同的价值观、信念和愿景，以建立强调社区意识与合作精神的学校形象，引导所有教职员工和学生自律地思考和行动

合格	熟练	优秀	卓越	不合格 （需注释）
□理解发展共同的愿景、使命、价值观、信念和目标对建立学校文化和身份的重要性	□系统地开发和利用共同的价值观、信念和共同的愿景来建立学校文化和身份	□在学校建立一种协作、分布式领导和持续改进的文化，引导所有教职员工和学生自律地思考和行动	□确保学校的身份和不断变化的文化（愿景、使命、价值观、信念和目标）能够真正推动决策并传达学校文化	

要素Ⅲc：承认失败，庆祝成就。
校长、副校长既能理性承认学校的失败，也能公正庆祝学校的成就，以确定学校的身份、文化和表现

合格	熟练	优秀	卓越	不合格（需注释）
□认识到承认失败，以及庆祝学校和教职员工成就的重要性	□使用既定的绩效标准作为奖励和晋升的主要依据	□系统地根据既定标准对个人进行奖励和晋升 □确认个人和集体对实现战略目标的贡献	□利用表彰、奖励和晋升作为促进学校成就的方式 □利用失败作为改进的契机	

要素Ⅲd：效能与赋权。
校长、副校长在全校教职员工中培养效能感和赋权感，在面临挑战时形成"我能行"的态度，从而积极影响学校的身份、文化和表现

合格	熟练	优秀	卓越	不合格（需注释）
□理解在教职员工中建立效能感和赋权感的重要性 □理解在教职员工、学生和家长/监护人中培养幸福感的重要性	□确定在教职员工中建立效能感和赋权感的策略 □确定在教职员工、学生和家长/监护人中培养幸福感的战略	□利用各种活动、工具和协议，提高教职员工的效率和能力 □积极塑造和促进教职员工、学生和家长/监护人的幸福感	□在教职员工中建立一种效能感和赋权感，从而提高实现实质性成果的能力 □利用教职员工、学生和家长/监护人的集体幸福感，影响学生的成绩	

点评：

校长作品示例：

□学校改进计划

□学校改进小组

□北卡罗来纳州教师工作条件调查

□共享决策和分布式领导的证据

□使用的识别标准和结构

□学校改进小组在决策过程中发挥作用的记录

□学生成绩和测试数据

□专业学习社区的存在与运作

□教师留任率

□360 度反馈

□_____

标准Ⅳ：人力资源领导力

校长、副校长确保学校是一个专业的学习社区。校长、副校长确保流程和系统到位，从而保障招聘、入职、支持、评估等工作的开展，留任有能力的教职员工。校长、副校长聘用有能力的教师并赋予他们权力，在日常决策中支持教师，如管理纪律、与家长/监护人沟通、保护教师免受非教学任务的干扰，同时必须对教师进行公正和一致的评价。校长、副校长要与教师和其他专业人员多沟通交流，规划他们的职业道路，并支持学区规划，见表 3-4。

表3-4 人力资源领导力

要素Ⅳa：专业发展与学习共同体。 校长、副校长确保学校是一个专业的学习社区				
合格	熟练	优秀	卓越	不合格 （需注释）
□理解发展有效的专业学习社区和注重成果的专业发展的重要性	□为实现有效的专业学习社区和以结果为导向的专业发展提供架构	□促进与学校改进计划相一致的有效专业学习社区的机会，注重结果，以集体负责教学计划和学生学习为特点	□确保学校内部的专业发展与课程、教学和评估需求相一致，同时认识到个别教职员工独特的专业发展需求	
□理解持续的个人学习和专业发展的重要性	□定期参与专业发展，专注于改进教学计划和实践			

要素Ⅳb：招聘、聘请、分配和指导教职员工。 校长、副校长建立流程和制度，以确保教职员工工作的高质高效				
合格	熟练	优秀	卓越	不合格 （需注释）
□了解学校招聘、雇佣、恰当分配和指导新教职员工的需求	□在学校层面，创建和实施以下程序 招聘新教师和员工 雇用新教师和员工 分配新教师和员工 指导新教师和员工	□支持、指导和训练新教职员工、新晋领导或需要额外支持的员工	□不断寻找具有杰出教育潜力的员工，为新入职和已入职的教职员工提供最佳职位安排，充分发挥他们的优势，满足学生群体的多样化需求 □确保有潜力担任导师和教练的教职员工获得专业发展	

要素Ⅳc：教职员工评价。
校长、副校长以公平公正的方式评估教职员工，旨在改进他们的表现，从而提高学生的成绩

合格	熟练	优秀	卓越	不合格（需注释）
□遵守教师和员工评估的法律要求	□创建流程，就课堂教学的有效性和改进教学实践的方法向教师提供正式的反馈 □以公平公正的方式执行学区和州的评估政策	□运用多元评价来评判教师和其他工作人员 □以公平公正的方式评价教师和其他员工，并运用评价结果改进教学实践	□全面分析教师和员工的评价结果，并运用评价结果指导学校的专业发展机会	

点评：

校长作品示例：

□学校改进计划

□北卡罗来纳州教师工作条件调查

□学生成绩和测试数据

□教师留任率

□国家委员会认证

□教师专业成长计划

□记录每位教师个人与合作计划的学校主时间表

□国家委员会认证教师人数

□攻读高级学位的教师人数

□教职员工职业发展记录
□专业发展对学生学习的影响
□导师指导记录与初任教师反馈
□360 度反馈
□＿＿＿＿＿＿＿＿＿＿＿＿＿

标准Ⅴ：管理领导力

　　校长、副校长确保学校在预算编制、人员配备、问题解决、沟通期望和日程安排等方面有适当的流程和系统，从而便于组织学校的各项日常工作。校长、副校长必须负责监督学校预算，并将所有教师纳入预算决策，以满足 21 世纪每个教师的教学需要。校长、副校长能够有效并高效地管理日常工作，对于提升学校的教学水平至关重要，见表 3-5。

表 3-5　管理领导力

要素Ⅴa：学校资源和预算。 校长、副校长创建流程，为学校计划和活动提供平衡的运营预算				
合格	熟练	优秀	卓越	不合格（需注释）
□熟悉学校的预算和会计程序	□在预算和资源决策中纳入学校改进团队的意见	□设计透明的制度，公正地管理人力和财政资源	□确保战略分配和公平使用财政资源，以满足教学目标和支持教师需求	
□为学校项目和活动确定资金优先次序和平衡的运营预算	□使用反馈和数据来评估资金和项目决策的成功与否			

续表

要素Ⅴb：冲突管理与调节。

校长、副校长合理有效地进行管理，以公平、民主的方式识别和解决校内的问题和冲突，以便学校能够将重点放在提高学生的成绩上

合格	熟练	优秀	卓越	不合格 （需注释）
□展示对学校内潜在问题和/或冲突领域的认知	□创建解决学校内部问题和/或冲突领域的过程	□以公平、民主的方式解决校本问题/冲突 □为教职员工提供机会发表与权威观点不同的意见，或就潜在的不和谐问题发表意见 □与教职员工讨论并实施解决方案，以解决潜在的不一致问题	□监督教职员工对潜在不一致问题解决方案讨论的反应，确保所有利益得到尊重 □解决冲突，确保学生和学校的最佳利益	

要素Ⅴc：系统交流。

校长、副校长设计并运用各种形式的正式和非正式交流，为教职员工提供及时、负责任的信息共享，以便学校能够把重点放在提高学生成绩上

合格	熟练	优秀	卓越	不合格（需注释）
□理解开放、有效沟通在学校运作中的重要性	□设计一个开放的交流系统，从学校社区获取，并向其提供和分享及时、负责任的信息	□利用开放式交流系统，在学校社区内及时、负责任地分享信息	□确保所有社区利益相关者和教育工作者都了解学校的教学和成就目标、实现这些目标所需的活动及实现这些目标的进展	
	□定期让学校改进小组参与全校的沟通过程	□通过不同媒体以多种方式提供不同形式的信息，以确保与社区所有成员的沟通		

要素Ⅴd：学校对学生和教职员工的期望。

校长、副校长为学生和教师制定并实施明确的期望、架构、规则和程序

合格	熟练	优秀	卓越	不合格（需注释）
□了解对学生和教职员工明确的期望、架构、规则和程序的重要性	□通过学校改进小组，为学生和教职员工制定明确的期望、架构、规则和程序	□向学生和教职员工传达并执行明确的期望、架构和公平的规则与程序	□系统地监测有关遵守期望、架构、规则和预期的问题，通过工作人员和学生来解决这些问题	
□了解学区和州有关学生行为的政策和法律等	□有效地执行学区的规则和程序		□定期审查对期望、架构、规则和预期进行变更的必要性	

点评：

校长作品示例：

☐学校改进计划

☐北卡罗来纳州教师工作条件调查

☐学校财务信息

☐学校安全与行为期望

☐记录每位教师个人与合作计划的学校主时间表

☐正式和非正式交流系统的证据

☐传播明确的规范和基本规则

☐有能力对抗意识形态冲突并达成共识的证据

☐360 度反馈

☐＿＿＿＿＿＿＿＿＿＿

标准Ⅵ：外部发展领导力

校长、副校长设计结构和流程，以争取社区的参与和支持。学校领导主动与教职员工一起创造机会，让家长/监护人、社区和企业代表作为"股东"参与学校事务，这样就不会让持续投资的意向和良好的意愿听任于偶然，见表 3-6。

表3-6　外部发展领导力

要素Ⅵa：家长、社区的参与和帮助。
校长、副校长确保学校的组织机构和程序能使家长和社区以主人翁的身份参与和支持学校

合格	熟练	优秀	卓越	不合格（需注释）
□与家长/监护人和社区成员互动，并承认他们在发展社区参与、支持和拥有学校方面发挥着关键作用 □确定学校和社区积极的、互帮互助的传统	□积极创建系统，让家长/监护人和所有社区利益相关者共同为学生和学校的成功承担责任，反映社区对学校的愿景	□实施授权家长/监护人和所有社区利益相关者做出重大决策的流程	□积极发展与家长/监护人和社区的关系，以培养良好的意愿，并获得财政、智力和人力资源，以支持学校学习议程的特定方面	

要素Ⅵb：联邦、州和学区授权。
校长、副校长设计协议和流程，以确保遵守联邦、州和学区的各项规定

合格	熟练	优秀	卓越	不合格（需注释）
□了解适用的联邦、州和学区法规 □了解学区旨在提高学生成绩的目标和举措	□设计符合联邦、州和学区规定的协议和流程 □实施旨在提高学生成绩的学区倡议	□确保遵守联邦、州和学区的规定 □持续评估学区计划的进展，并向学区决策者报告结果	□解读联邦、州和学区对学校社区的授权，以便将此类授权视为学校内部改进的机会 □积极参与学区目标和计划的制定，以提高学生的成绩	

点评：

校长作品示例：

☐家长参与学校改进小组的情况

☐北卡罗来纳州教师工作条件调查

☐使用形成性评价工具来影响教学的记录

☐家长教师学生会/后援俱乐部的运作和参与

☐家长调查报告

☐商业伙伴和涉及商业伙伴项目的证据

☐在社区内塑造学校形象的计划

☐社区支持的证据

☐学校志愿者的数量和使用情况

☐360 度反馈

☐_____

标准Ⅶ：微观政治领导力

校长、副校长建立系统的机制，利用教职员工的多样性，鼓励建设性的思想交流，以利用教职员工的专业知识、权力和影响力，实现学校的成功愿景。校长、副校长创造性地利用对教职员工专业需求、问题和兴趣的认识，以提升凝聚力，提升学校治理水平，见表3-7。

表 3-7　微观政治领导力

要素Ⅶa：学校行政微观政治领导。
校长、副校长创造环境、建立机制，确保所有内部利益相关者的声音都能被听到；通过与教职员工建立良好的互动关系，充分发挥他们的专业知识和影响力，从而提升学校的文化建设水平

合格	熟练	优秀	卓越	不合格 （需注释）
□保持较高频率的露面，在整个学校很容易能被找到	□了解教职员工的专业知识、权力和影响力，并对他们的个人和专业需求表现出敏感性	□建立系统，利用教职员工的多样性、意识形态差异和专业知识来实现学校的目标	□创造性地利用对教职员工专业需求、问题和利益的认识，提升凝聚力	
点评： 				

校长作品示例：

□北卡罗来纳州教师工作条件调查

□教师留任率

□可见性和可访问性的证据

□共享决策和分布式领导的证据

□360 度反馈

□＿＿＿＿＿＿＿＿＿＿＿

标准Ⅷ：学业成就领导力

校长要为学生的学业成功做出贡献。学校管理工作应致力于帮助学生取得可接受、可衡量的进步，并能基于既定的绩效预期，运用适当的数据来证明学生的成长。校长在此项标准中的评分由全校学生的成长价值决定，该值是根据全州教育者效能增长

模型计算得出的，见表3-8。

表3-8 学业成就领导力

不符合预期增长	符合预期增长	超过预期增长
全校学生的增长值低于全州增长模型的预期值	全校学生的增长值达到全州增长模型的预期值	全校学生的增长值超过了全州增长模型的预期值

3.6.2 校长总结/年终评价表

标准Ⅰ：战略领导力（见表3-9）

表3-9 战略领导力

要素	合格	熟练	优秀	卓越	不合格
A. 学校的愿景、使命与战略目标					
B. 引领变革					
C. 学校改进计划					
D. 分布式领导力					
总评					
点评： 改进建议：	支撑评价的证据或文档： ☐学校改进计划 ☐学校愿景、使命、价值观、信念和目标的陈述 ☐北卡罗来纳州教师工作条件调查 ☐利益相关方参与制定愿景的证据 ☐学校改进团队使命、价值、信念和目标陈述的证据 ☐学生成绩和测试数据 ☐共享决策和分散式领导的证据 ☐_____				
完成这些行动所需的资源：					

标准 II：教学领导力（见表 3-10）

表 3-10 教学领导力

要素	合格	熟练	优秀	卓越	不合格
A. 关注教与学、课程、教学与评价					
B. 关注教学时间					
总评					

点评： 改进建议：	支撑评价的证据或文档： □学校改进计划 □使用形成性评价工具来影响教学的记录 □北卡罗来纳州教师工作条件调查 □学生成绩和测试数据 □学生退学数据 □目标导向的个性化教育计划的开发与交流 □团队发展的证据和课堂教学的评价 □研究性实践与策略在课堂中的运用 □记录每位教师个人与合作计划的学校主时间表 □_____
完成这些行动所需的资源：	

标准Ⅲ：文化领导力（见表3-11）

表3-11 文化领导力

要素	合格	熟练	优秀	卓越	不合格
A. 关注协同工作环境					
B. 学校文化与认同					
C. 承认失败，庆祝成就和奖励					
D. 效能与赋权					
总评					

点评： 改进建议：	支撑评价的证据或文档： □学校改进计划 □学校改进小组 □北卡罗来纳州教师工作条件调查 □共享决策和分布式领导的证据 □使用的识别标准和结构 □学校改进小组在决策过程中发挥 　作用的记录 □学生成绩和测试数据 □专业学习社区的存在与运作 □教师留任率 □＿＿＿＿＿＿＿＿＿
完成这些行动所需的资源：	

标准Ⅳ：人力资源领导力（见表 3-12）

表 3-12 人力资源领导力

要素	合格	熟练	优秀	卓越	不合格
A. 专业发展与学习共同体					
B. 招聘、雇用、分配和指导教职员工					
C. 教职员工评价					
总评					

点评： 改进建议：	支撑评价的证据或文档： □学校改进计划 □北卡罗来纳州教师工作条件调查 □学生成绩和测试数据 □教师留任率 □国家委员会认证 □教师专业成长计划 □记录每位教师个人与合作计划的学校主时间表 □国家委员会认证教师人数 □攻读高级学位的教师人数 □教职员工职业发展记录 □专业发展对学生学习的影响 □导师指导记录与初任教师反馈 □＿＿＿＿＿＿＿＿＿
完成这些行动所需的资源：	

标准V：管理领导力（见表3-13）

表3-13　管理领导力

要素	合格	熟练	优秀	卓越	不合格
A. 学校资源和预算					
B. 冲突管理与调节					
C. 系统交流					
D. 学校对学生和教职员工的期望					
总评					
点评： 改进建议：	支撑评价的证据或文档： □学校改进计划 □北卡罗来纳州教师工作条件调查 □学校财务信息 □学校安全与行为期望 □记录每位教师个人与合作计划的　学校主时间表 □正式和非正式交流系统的证据 □传播明确的规范和基本规则 □有能力对抗意识形态冲突并达成　共识的证据 □＿＿＿＿＿＿＿＿＿＿				
完成这些行动所需的资源：					

标准Ⅵ：外部发展领导力（见表3-14）

表3-14　外部发展领导力

要素	合格	熟练	优秀	卓越	不合格
A. 家长、社区的参与和帮助					
B. 联邦、省州和学区授权					
总评					

续表

点评：	支撑评价的证据或文档：
	□家长参与学校改进小组的情况
	□北卡罗来纳州教师工作条件调查
	□使用形成性评价工具来影响教学的记录
改进建议：	□家长教师学生会/后援俱乐部的运作和参与
	□家长调查报告
	□商业伙伴和涉及商业伙伴项目的证据
	□在社区内塑造学校形象的计划
	□社区支持的证据
	□学校志愿者的数量和使用情况
	□_____
完成这些行动所需的资源：	

标准Ⅶ：微观政治领导力（见表3-15）

表3-15 微观政治领导力

要素	合格	熟练	优秀	卓越	不合格
学校行政微观政治领导					
总评					
点评：	支撑评价的证据或文档：				
	□北卡罗来纳州教师工作条件调查				
	□教师留任率				
改进建议：	□可见性和可访问性的证据				
	□共享决策和分布式领导的证据				
	□_____				
完成这些行动所需的资源：					

3.6.3 校长目标设定工作表

说明：使用此表，根据从展示作品和其他来源收集的数据来确定职业发展目标。

有针对性的专业成长目标见表3-16。

表3-16 有针对性的专业成长目标

数据来源	确定优势和增长领域	确定的数据形式或趋势	对应的标准及要素
	优势：		
	增长领域：		
	优势：		
	增长领域：		
	优势：		
	增长领域：		
	优势：		
	增长领域：		
	优势：		
	增长领域：		
	优势：		
	增长领域：		

3.6.4 校长目标发展表

说明：本目标设定表可由校长、副校长在自我评估程序后填写。在工作开始之前由评估者审查目标、活动、成果和时间表。评估者可酌情提出其他目标，但没有必要为每个标准都设定一个目标。具体见表 3-17。

表 3-17　校长目标发展表

标准	目标	关键活动/策略（实现目标所需的）	结果（测量）	衡量目标结果的时间线
1. 战略领导力				
2. 教学领导力				
3. 文化领导力				
4. 人力资源领导力				
5. 管理领导力				
6. 外部发展领导力				
7. 微观政治领导力				
点评：				

3.7　评价技术

3.7.1　校长自评

校长、副校长根据评价量规中的标准和要素，对自己的管理绩效做出评价和判断。自我评价是在不受外部干预的情况下，校长和副校长对自己专业实践的一次个人反思，发现自身优势，并查找短板。自我评价的目的是明确绩效预期，指导有关目标设定、职业发展和项目需求的讨论。校长自评是促进自身成长的重要手段，在自我评估的过程中，需总结经验，查清问题，明确努力的方向。

校长和副校长参照评价量规进行自评。通过在每一要素下的相关描述前打钩来完成自我评价。打钩的项目即代表自身的强项，而没有打钩的条目则被视为有待改进的地方。校长和副校长在学年开始前完成自我评价，并在整个学年中，根据教育管理实践不断反思自己的专业表现。

3.7.2 学区评价

学区总监或其指定人员代表学区教育委员会到访学校，组织驻校观察，并与教职员工交流互动。进校观察的标准仍然参照评价量规，每一要素下都有若干具体翔实的观测点，学区总监或其指定人员通过对学校日常管理工作的观察，在相应的观测点前打钩。假如在某一要素中，学区总监或其指定人员没有观察到任何一条描述，则可以判定为"不合格"，但需要解释说明，并提出改进建议。在年中评估和总结性评价会议中，学区总监或其指定人员与校长或副校长会就观察到的情况展开充分讨论，总结强项，查找短板，提出建议。

3.7.3 作品展示

在校长自评和学区评价的基础上，北卡罗来纳州在开展校长评价时，还允许校长和副校长提交相关作品材料，以证明自己的管理表现和绩效。校长和副校长可以提交的作品，主要包括：学校改进计划和小组数据，北卡罗来纳州教师工作条件调查，360度反馈，学生成绩和考试数据，对学校愿景、使命、价值观、信念与目标的陈述，利益相关者参与学校愿景、使命、价值、信念和目标制定的证据，学生辍学数据，使用形成性评价工具来影响教学的记录，个性化教育方案的应用，团队发展与课堂教学评价的证据，研究性实践与策略在课堂中的运用情况，专业学习社区的存在与运作，教师留任率，国家委员会认证教师人数，攻读高级学位、国家委员会认证的教师人数，导师指导记录与初任教师反馈，教师专业发展计划，学校财务信息，学校安全与学生行为期望，家长教师学生会数据，家校合作情况，家长调查结果，社区支持的证据，学校志愿者数量，共享决策和分布式领导的证据，等等。

　　校长向评议人员展示相关作品，拓宽了评价信息的收集渠道和范围，保证了评价证据的完整和客观。教育管理既是一项综合系统的工作，也是一个动态变化的过程。对教育管理绩效的评估，需要结合实地观察、座谈调查、资料分析等多种方式进行。同时，除了教师和学生之外，校长还必须与家长、社区等不同层面的人接触，争取形成合力，推动学校发展。因而，校长通过展示文化构建、家校联系、学生成绩、教师发展等方面的成果，从学校、教师、学生、家长、社区等不同侧面来展现自己的能力和业绩。

3.8　评后行动

3.8.1　校长效能认定

　　《北卡罗来纳州学校主管：校长和副校长评价过程》所确定的不合格、合格、熟练、优秀和卓越等五个评价等级，主要是基于校长在量规中第 1 条至第 7 条中的表现所做出的评定。根据校长在量规第 8 条"学业成就领导力"中的表现，还需要对校长的管理效能做出认定。

根据《北卡罗来纳州学校管理人员标准》的要求，校长要对学生的学业成绩负责。校长的工作将根据既定的绩效预期，并使用适当的数据来证明学生的成长，帮助学生取得可接受、可衡量的进步。学生的学业成绩主要是由全校学生的成长值决定的，该值由全州教育工作者有效性增长模型计算得出。计算成长值的学生数据主要来源于课程末评估、期末评估、职业和技术教育后测试等。

根据学生的成长值，可以将校长划分为三个等级：

·不满足预期成长：全校学生的成长值低于全州增长模型的预期值。

·符合预期成长：全校学生的成长值与全州增长模型的预期相一致。

·超越预期成长：全校学生的成长值超过全州增长模型的预期。

北卡罗来纳州教育委员会规定，根据近三年全校学生成长值的滚动平均值，确定校长的管理效能。校长效能主要分为三个层级：高效领导者、有效领导者和有待改进的领导者。

高效领导者是指在校长评价量规的第 1 至第 7 项标准中都获得至少"优秀（Accomplished）"等级，并在第 8 项标准中被评定为"超越预期成长"。

有效领导者是指在校长评价量规的第 1 至第 7 项标准中都获得至少"熟练（Proficient）"等级，并在第 8 项标准中被评定为"符合预期成长"。

有待改进的领导者是指未能在校长评价量规的第1至第7项标准中都获得至少"熟练（Proficient）"等级，或是在第8项标准中被评定为"不满足预期成长"。

3.8.2 反馈与行动

1. 及时反馈

在完成所有规定程序后，学区会以口头或书面形式，向校长和副校长及时反馈评价结果。如有需要，学区总监还会和部分校长、副校长面对面交流，告知整个评价过程的实施和做出评价结论的具体依据。同时，就校长、副校长做好下一学年工作，实现更好的专业发展，学区总监还会提出意见，给出建议。

2. 分类指导

北卡罗来纳州为不同类型的校长定制了分类指导方案。针对新手校长，由于他们缺乏学校管理的实践经验，学区会为他们配对师父一对一、手把手地指导他们开展工作。师父会全程参与初始会议、数据收集、年中评估和总结性评价会议，悉心指导，提供专业意见。新手校长往往会在以下几个方面存在短板，需要师父予以特别关注：改进自身的专业实践；敦促教师为学生的学习制订高标准；学会运用数据来指导教学；学会追踪学生的学业进步；与教师团队一起制订教学计划。

对于年轻骨干校长，为了帮助他们成长为专家型领导，学区会为他们精心安排导师。当年轻校长在具体的管理实践中遇到困惑与难题时，可以寻求导师的帮助，与导师当面交流探讨，或邀请导师来校，通过实地观察、教职员工座谈、师生问卷调查等方式，深入分析问题产生的原因，寻求解决问题和困难的最佳方案。

3. 结果运用

一般而言，只有极少数校长和副校长会在评价中最终获评"不合格"。一旦得到较低的评价等级，校长、副校长就需要制订改进计划，根据自身的短板与不足，明确努力的方向，提出具体的、有针对性的改进措施。学区也会指派督导或导师，从旁协助。当然，针对表现极差的校长，免职也是学区可能的选项之一。

在评价中想要获得"卓越"等级，绝不是轻而易举的，需要校长和副校长付出不懈的努力。学区也制定了卓越校长激励机制，打通校长晋升的通道，特别优秀的校长将有机会提任学区总监。

3.9 特点与启示

3.9.1 特点分析

1. 评价目标的发展性

北卡罗来纳州的校长评价充分体现了发展的理念，不仅追求校长的发展，也关注学生和学校的发展。就校长而言，评价旨在帮助校长明确现阶段存在的问题，找准提升的路径，以及明确未来的规划；就学生而言，评价通过衡量校长对学生权益的重视程度，引导校长关注学生的已有成就和终身发展；就学校而言，评价聚焦学校的改进计划和教师的专业成长，以实现学校和教师的可持续发展。一个学年的评价完成后，校长和评价人员一起继续谋划下一个学年的专业成长目标，探讨实现的路径，并在管理实践中检视问题，反思对策。北卡罗来纳州以发展为导向的校长评价，循环往复、步步为营，有效助力校长的可持续发展。

2. 评价程序的严密性

北卡罗来纳州中小学校长评价的程序包含初始会议准备、初始会议、年中会议和总结性评价会议等环节。在一学年的不同时段，评估人员和校长会定期召开会议，根据评价指标的具体要求、研究讨论、确定目标、拟定计划、提出建议，最终评估成果。评价的过程中，校长有机会提交相关作品作为佐证材料，有机会与评估人员面对面交流，表达治校理念，也有机会在评估人员进校观察期间，通过学校良好的校园环境、有序的教学活动、昂扬的师生风貌、融洽的人际关系等向评估人员呈现学校的管理实效。整个评价程序环环相扣、层层深入，既科学严谨，又规范高效。

3. 评价主体的多元性

评价过程中，校长和副校长需要进行自评，学区总监需要进校观察评估。校长、副校长和学区总监还会通过会议共同讨论，两者都是评价活动的主体。同时，校长和副校长还可以提交相关作品材料，学区总监也会与教职员工、学生社区等交流互动。教师、学生、家长、社区等方面的反馈信息与数据在评价中也都占据一定的权重。因此，北卡罗来纳州的中小学校长评价主体多元，确保了评价过程和评价结果的客观公正。

4. 评价形式的表现性

北卡罗来纳州的中小学校长评价强调被评价者的主体性，注重评价过程，重视评价任务的真实性，着眼于被评价者的未来发展，凸显了表现性评价的特色与优点。校长在学校运营的真实情境中，面对各种现实问题与困难，通过团队协作，充分发挥主观能动性，在与教职员工、学生、家长和社区的积极互动中，推动学校发展，促进学生成长，提升教育质量。通过表现性校长评价，校长在处理真实教育情境中的问题时所展现出来的知识与技能，以及创新能力、协作能力、媒体意识等职业素养的水平，不仅可以指导校长有效改进工作和谋划个人职业发展，也可以作为评价校长工作绩效，决定校长是否留任和工作是否增减的重要依据。

3.9.2　启示与借鉴

1. 我国校长评价存在的主要问题

（1）评价目的以"督"为主

目前，我国的教育行政部门主要通过校长年终述职考核、教职工民主测评等方式对校长的工作表现做出评价，并将评价结果视作校长奖惩与聘任的重要参考。相对狭隘的评价目的导致校长评价重"督"轻"导"，甚至只"督"不"导"。高效的校长评价应该以"督"促"导"，最终目的是促进校长的专业发展，提升校长的管理水平与个人素养，进而提高学校管理的效益，实现教师、学生、学校的共同发展。

（2）评价依据以"升学率"为主

当前，升学率仍然是评价校长工作的主要依据。较高的升学率很容易得到家长的肯定、社会的认可，面对巨大的压力，校长把主要精力集中在学生的"智育"上，想尽办法提高学生的考试成绩。在大力提倡素质教育的今天，校长真正应该关注的，不应只是分数，不能只是升学率，而应是学生的成长和学生的德智体美劳全面发展。评价校长工作，除了要看学生的学业成绩，还要看学生的多样化发展，以及学生的综合素质培养。

（3）评价指标以"宏观"为主

我国目前使用的校长评价指标是1992年中共中央组织部和

原国家教委联合发布的《关于加强全国中小学校长队伍建设的意见（试行）》中提出的"德、能、勤、绩"四个方面。"德"指校长的基本政治素质，"能"指校长岗位能力的要求；"勤"指校长对待工作的精神状态；"绩"则指校长的工作绩效。党的十八大以后，全面从严治党不断推进，对校长"廉"方面的评价也日益受到重视。然而，德、能、勤、绩、廉等五个方面的指标，较为宏观，需要在微观层面上加以细化、条目化，便于操作。

2. 北卡罗来纳州校长评价的启示

（1）突出校长工作专业化

校长角色和职能的多元化发展，要求校长具备一定的专业化水平加以保障。因此，校长的专业化成为校长职业发展的必然趋势①。校长专业化，是对校长队伍建设提出的时代要求，是教育改革和学校发展的必然选择。

为了突出校长工作的专业化要求，也为了有效衡量校长的专业化程度，美国于 1996 年制定出台了第一部校长专业标准——《学校领导者标准》（*Standards for School Leadership*），并广泛应用于校长的选拔、培训和评价。2015 年，美国国家教育管理政策委员会（National Policy Board for Educational Administration）通过了《教育领导专业标准》（*Professional Standards for Educational Leaders*），从"使命、愿景与核心价值观，道德与专业准则，公平与文化回应，课程、教学与评价，学生关怀与社区支持，专业能力与学校员工，教职员工专业共同体，家庭与社区的积极参与，运行与管理，学校改进"等十个方面对校长的专业化提出新要求，实现了对校长专业标准的更新。

---

① 王娟. 我国中小学校长专业评价指标体系探究［D］. 上海：华东师范大学，2016.

在国家层面的校长专业标准的基础上，北卡罗来纳州教育委员会制定了本州的校长专业标准——《北卡罗来纳州学校管理人员标准》。这一标准也成了该州中小学校长评价体系的重要指标。

在构建我国的校长评价体系时，可以借鉴美国北卡罗来纳州的经验，突出校长工作的专业化属性，制定符合我国基础教育改革发展实际的校长专业标准。值得一提的是，我国教育部于2013年制定出台了《义务教育学校校长专业标准》，从规划学校发展、营造育人文化、领导课程教学、引领教师成长、优化内部管理和调试外部环境等六个维度，提出了60条具体的专业要求，在探索构建校长专业标准上迈出了一大步。

（2）注重过程性与参与性

近年来，我国基础教育事业有了长足的进步，校长管理体制也取得了新进展。教育行政部门先后探索实施了校长负责制、校长资格制、校长聘任制、校长责任制和校长职级制等制度，还组织评选名优校长和特级校长；然而，中小学校长的领导职责界定与校长评价工作仍存有缺乏专业依据、指标体系不明确、重显绩轻潜质等诸多问题①。

在具体实践中，往往只是在年底时填个表、打个分、开个述职考评会，便结束了。教育行政部分负责人很少为了评价校长而专程驻校观察。校长只是被动参与，只负责撰写工作总结、提交表格材料，难以充分表达观点和意见。现行的校长评价，方式简单、路径单一，注重结果，忽视过程。

北卡罗来纳州的校长评价，从一开始的职前培训，帮助校长充分了解评价政策、程序和量规；到初始会议准备、初始会议和

① 陈永明，许苏. 我国中小学校长专业评价指标体系探究 [J]. 中国教育学刊，2009（1）：41-44.

年中会议，校长都是全程参与，与学区总监等评议人员充分沟通，积极互动；再到年终总结性评价会议，校长都以评价主体的身份，展示成果作品，接受质询，提出意见，构成一个注重过程、体现民主的评价体系。

在构建我国中小学校长评价体系时，可以借鉴北卡罗来纳州发展性校长评价体系的经验，突出校长的主体地位，关注校长的可持续发展。要增强校长的参与度和民主性，在校长自评的基础上，结合教育行政部门、教师、学生、家长和社会评价，真正实现促进校长发展、提高管理绩效、助推学校发展的目的。

（3）建立发展性、可操作的评价指标

北卡罗来纳州的中小学校长评价体系建立在美国 21 世纪技能联盟提出的《21 世纪学习框架》《改善教学的里程碑》和北卡罗来纳州教育委员会颁布的《北卡罗来纳州学校管理人员标准》的基础上，既有国家层面的教育宏观理念为指导，又紧贴地方层面的学校管理实际，很接地气。评价量规中的标准和要素指向发展，描述精准，操作简便。

我国在开展校长评价时，主要关注校长在德、能、勤、绩、廉等五个方面的表现，指标界定往往比较模糊，使评价更基于主观感受，甚至流于形式。因此，在确定我国中小学校长评价指标时，可以学习借鉴北卡罗来纳州的经验。一方面，以国家层面的教育理念为引领。2018 年，中共中央、国务院颁布的《关于全面深化新时代教师队伍建设改革的意见》（以下简称《意见》）可以为评价指标的制定提供宏观依据。《意见》要求从政治过硬、品德高尚、业务精湛、治校有方等方面，加强中小学校长队伍建设，提升校长办学治校能力，打造高品质学校。另一方面，也要充分结合地方基础教育实际。以浙江省为例，要紧抓全面深化课程改革和国家考试招生制度改革试点的契机，因地制宜地制定中小学校长评价体系。结合校长推进本校课改与考改的实际表现，从校长的专业知识、学生成长、学校发展、家校联动等方面，制定详尽的科学、兼具发展性与可操作性的评价指标，便于在过程中量化评估。

特别值得一提的是，北卡罗来纳州的校长评价在"教学领导力"标准中明确要求校长要关注教学时间，要制定程序和时间表，以保护教师的教学和准备时间不受干扰。也就是说，充分保证教师不受非教学事务的干扰，能够有足够的时间钻研教学、提升业务，也是校长的重要工作职责。

近年来，由于多方面的原因，我国中小学教师还存在着负担较重的问题，教师除了完成日常的教学工作外，还要应付各种名目繁多的督查检查和考核评比、各个层级的调研指导和信息采集、不同类型的争先创优等非教学事务，它们干扰了学校正常的教育教学秩序，也给教师增加了额外负担。对此，党中央、国务院高度重视，出台了《关于减轻中小学教师负担 进一步营造教育教学良好环境的若干意见》[1]。各省市教育行政部门也陆续出台相关政策，进一步细化中小学教师减负清单。针对教师疲于应付的各种统计、调研和检查，创建、招商和专班等活动，各级党委政府和教育主管部门，通过统筹规范督查检查评比考核事项，统筹规范社会事务进校园，统筹规范精简相关报表填写工作，统筹规范抽调借用中小学教师事宜，努力营造良好的教育教学环境，切实减轻中小学教师过重的非教学负担，进一步营造宽松、

---

① 中共中央办公厅，国务院办公厅．关于减轻中小学教师负担进一步营造教育教学良好环境的若干意见［EB/OL］．http://www.gov.cn/zhengce/2019-12/15/content_ 5461432. htm.

宁静的育人环境和校园氛围，真正做到把宁静还给学校，把时间还给师生。校长要不断强化政治担当和使命自觉，确保这些教师减负政策落到实处，保证教师能够安心业务、潜心教书、静心育人，更好地落实好立德树人根本任务，办好人民满意的教育。

（4）关注校长的专业化成长

校长评价可以有两种取向，以"督"为主或以"导"为主。我国以往的教育领导者评价基本是以"督"为主，一是由于我国尚未有严格意义上的教育领导者评价制度，更多的是考核教育领导者的概念，二是由于"督"比"导"要简单许多①。校长评价，不应偏向单一取向，而是要做到"督"与"导"的有机结合。

北卡罗来纳州的校长评价过程是"督"与"导"的有机结合，是一个校长实现自身专业发展的过程。换言之，校长专业发展贯穿于评价的全过程，评价不以校长的提留任免为目的，不直接决定校长的奖优罚劣，而是为校长的专业发展和效能提升提供指导、指明方向。评价活动开始之前、之中和之后，校长和评估人员都有明确的职责和任务，包括熟悉评价文件，拟定发展目标，商定需要收集的证据和数据等；而且，整个评价过程注重校长与评估人员之间的互动交流，合作与发展成为双方共同的价值追求。基于严格的观察、监督和反馈机制，以科学规范、公开公正的程序和标准，确保校长绩效评价的有效性，从而肯定校长的素养与能力，识别校长的短板与不足，不断为校长的专业成长提供有价值的反馈意见和改进建议，并在今后的评价中持续关注和跟进，促进校长在专业化发展的道路上不断取得进步。

---

① 吴志宏，冯大鸣，魏志春. 新编教育管理学［M］. 上海：华东师范大学出版社，2008：147.

　　我国校长评价的目的更多是为了决定校长的免降升留或惩戒褒奖，而不注重对校长领导能力、服务品质的改进和校长专业水平的提升①。我国的中小学校长大都是从学科教师中选拔产生的，很少是教育管理专业科班出身。要成长为专业化的学校领导者，校长需要系统学习教育管理知识，并在实践中不断探索与完善。通过校长专业成长计划的制订与实施，结合校长专业培训与进修，如浙江省正在深入实施的"浙派名校长"培养工程，建立高质高效的评价体系对中小学校长的专业化成长有广阔的用武之地。

---

　　① 辛志勇，王莉萍．中小学校长评价研究述评［J］．教育理论与实践，2006（9）：13-15．

4 美国北卡罗来纳州中小学教师评价体系

2008 年 10 月，北卡罗来纳州教育委员会颁布政策，正式通过《北卡罗来纳州教师评价量规》和《北卡罗来纳州教师评价过程》。2011 年 11 月，该政策经过修订更新，加入了有关终身教师（Career-Status Teachers）综合评价的内容。这项政策勾画出了北卡罗来纳州中小学教师评价体系的轮廓。

新的北卡罗来纳州教师评价体系旨在通过增强教师的专业实践能力和教学水平，提升管理的效度，提高教学的质量，促进学生的学习。体系中所有的评价工具和过程都是为了鼓励教师的专业发展，力求保证评价的公平和灵活，作为确立教师专业目标和认同教师专业发展需求的基础。

4.1 评价目的

《北卡罗来纳州教师评价过程》的预期目标是评判教师的工作表现，制订专业发展的计划。具体来说，评价的目的主要包括以下八个方面：

① 教师个体工作绩效的测量手段；

② 教师反思和改进教学效度的指南；

③ 教学改进的基础；

④ 关注学校和学区在支持、监督和评价教师时的目的和目标；

⑤ 指导教师的专业发展；

⑥ 促进教师的培训指导项目；

⑦ 增进认证课程的实施；

⑧ 为高等教育机构开发教师培训项目的内容和需求提供服务。

王斌华教授认为，促进教师的专业成长是发展性教师评价制度的目标，最终实现教师个人和学校组织的共同进步①。北卡罗来纳州的中小学教师评价归纳起来，重点聚焦了三个方面，即教师的教学绩效、专业成长和参与学校发展的情况。这一教师评价体系是一种着眼未来的发展性评价，它不仅关注教师的工作业绩，而且还根据教师的工作表现，确定了教师的专业成长需要，指导教师制订和实施专业发展计划，同时鼓励教师积极参与学校发展和教学改革。

4.2　岗位职责

为了顺利开展教师评价工作，北卡罗来纳州对评价人员（校长和同行评议人员）与被评价人员（教师）的职责做出了明确规定，以确保双方各司其职、各尽其责。

教师的职责主要包括熟知并理解《北卡罗来纳州专业教学标

---

① 王斌华. 奖惩性与发展性教师评价制度的比较［J］. 上海教育科研，2007（12）：39-41.

准》；清楚了解《北卡罗来纳州教师评价过程》的政策要求；做好准备并充分参与评价过程中的每一个环节；收集数据、作品和证据，以展示自己努力实现绩效目标的表现和过程；制定并实施策略来改善个人表现或实现个人或团队确定的目标。

评价人员的职责主要包括：熟知并理解《北卡罗来纳州专业教学标准》；参加培训，学习并实施《北卡罗来纳州教师评价过程》；监督整个教师评价过程，确保所有的步骤都按照预定流程规范进行；确定教师的优势和需要改进的地方，并给出改进绩效的建议；确保教师总结性评价报告中的内容包含精确信息，并能准确反映教师的真实表现；酌情制订行动计划并监督实施。

4.3　评价等级

《北卡罗来纳州教师评价过程》设定了五个不同的评价等级，具体如下。

不合格（Not Demonstrated）：根据绩效标准的要求，教师既没有表现出胜任能力，也没有获得足够的成长。如果把教师比作骑自行车的人，此时，他既不会骑车，也不懂骑车。

合格（Developing）：相对于实现标准而言，教师的表现能体现出充分的成长，但基于绩效标准未能表现出胜任能力。换言之，教师知道自己所需的技能，却尚未掌握。就好比是知道要通过脚踩踏板来让自行车前进，但每次尝试，都会从车上掉下来。

熟练（Proficient）：基于绩效标准，教师可以展现出基本的胜任能力。形象地来说，此时虽然左摇右摆，缺乏经常性的训练，但是已经能够坐上自行车，并骑上一段距离。

优秀（Accomplished）：教师在大多数时候都超越了绩效标准规定的基本能力，掌握了广泛的、不同层次的技能，就像是在骑自行车时，已经不用再想着齿轮、踏板、把手等构件，能控制自如，只要天气允许，每天都会骑。

卓越（Distinguished）：基于绩效标准，教师持续且显著地超越了基本的胜任能力。也就是说，此时不仅自己每天骑车上班，还能教他人如何骑车。

一旦打出"不合格"，校长或评估人员必须做出说明，给出理由。

4.4 评价程序

校长、同行和教师本人都是评价活动的主体。教师通过自我评价、课堂展示、作品呈现和反思总结等环节，参与评价，获得成长。具体来讲，北卡罗来纳州的中小学教师评价主要包括下面八个程序：

（1）培训（Training）

在评价开始前，所有的教师、校长和同行评议人员都必须完成有关评价实施的培训。

（2）入门指导（Orientation）

新学年开学两周内，校长会为教师提供《北卡罗来纳州教师评价量规》和《北卡罗来纳州教师评价过程》的政策文本，并告知完成评价工作的时间表。这些材料也可能以电子稿的形式提供。

（3）教师自评（Teacher Self-Assessment）

根据《北卡罗来纳州教师评价量规》，教师在学年初，对自己的教学绩效进行评定，并在之后的教学工作中不断反思。

（4）观察前会议（Pre-Observation Conference）

在第一次正式课堂观察前，校长和教师会举行会谈，讨论教师的自评情况、最近的专业发展计划，以及将要上的课。教师会向校长提供一份课堂教学的书面描述。会谈的目的是帮助校长做好听课的准备，而之后进行的几次课堂观察，则不再需要召开会议。

（5）课堂观察（Observation）

正式的课堂观察至少需要 45 分钟，甚至整节课的时间（在北卡罗来纳州，一节课通常为 90 分钟）。在课堂观察的过程中，校长和同行教师应根据量规中的标准，认真记录教师的课堂表现。

对于不同的教师，课堂观察的要求也各不相同。针对"试用教师"（Probationary Teachers），校长必须组织不少于三次正式的课堂观察，同行教师需要对其进行一次正式的课堂观察。对于"终身教师"（Career-Status Teachers），每年都要接受评价，校长应组织不少于三次课堂观察，其中至少有一次正式观察。

（6）观察后会议（Post-Observation Conference）

在正式课堂观察结束后的 10 个工作日内，校长必须组织召开观察后会议，与教师讨论其在课堂教学中的表现，提出优点和缺点。

（7）总结性评价会议和等级排名（Summary Evaluation Conference and Scoring the Teacher Summary Rating Form）

学年结束前，校长要组织召开总结性评价会议。在会上，校长和教师共同讨论教师的自评结果、最新的专业成长计划、课堂观察情况、提交的相关作品等。最终，根据所有评价人员的评定结果，对教师做出总结性评定。

4.5 评价量规

4.5.1 理论基础

1. 北卡罗来纳州专业教学标准

奥巴马政府于 2009 年启动的"力争上游"计划，重点围绕教育评价、教师队伍、数据库建设和薄弱学校改造等四个方面展开。各州需要围绕这四个方面制订改革计划，向联邦政府申请教育经费拨款。为了确保各州的教育改革顺利推进，美国教育部制定了评判各州教育改革方案的 19 条标准。其中的 3 条标准，即开发并采用共同标准；支持标准的完善和高质量评价的使用；开发并实施普遍的、高质量的评价，共同指向"标准和评价"改革①。

北卡罗来纳州在专业标准的制定方面起步较早。北卡罗来纳州专业教学标准委员会重新修订了 1997 年颁布的教学专业核心标准（Core Standards for Teaching Profession），于 2007 年 6 月提出了 5 条全新的专业教学标准，2012 年 2 月又增加了第 6 条标准。

全新修订的《北卡罗来纳州专业教学标准》（*North Carolina Professional Teaching Standards*）共包含以下六个方面：

① 教师具备较强的领导力；

② 教师为多元学生营造和谐环境；

③ 教师掌握所教学科的内容；

---

① 陈利达. 美国基础教育改革——"力争上游"计划述评 [J]. 中国校外教育（下旬刊），2014（8）：3，8.

④ 教师促进学生的学习；

⑤ 教师反思自己的专业实践；

⑥ 教师对学生的学术成功做出贡献。

《北卡罗来纳州专业教学标准》要求教师不仅具备较强的领导能力，还要掌握 21 世纪的知识与技能；不仅熟悉所任教学科的内容体系，还要掌握先进的教学理念和高超的教学技艺。该标准关注学生的多元文化背景，引导教师对自己的教学实践进行反思，已经成为师资培养、教师评价和专业发展的基础。

2. 指向学生核心素养的培养

"核心素养"是指同职业上的实力与人生的成功直接相关的，涵盖了社会技能与动机、人格特征在内的能力，其意义在于勾勒新时期新型人才的形象，规范学校教育的方向、内容与方法①。

美国 21 世纪技能联盟（The Partnership for 21st Century Skills）于 2009 年提出了"21 世纪学习框架"（Framework for 21st Century Learning）（图 4-1）。该学习框架主要由 21 世纪学习系统和支持系统两个部分组成。如图 4-1 所示，上下两道彩虹分别代表这两个系统。

21 世纪学习系统说明了美国学生必须掌握的学科内容与在 21 世纪社会里生存所必备的高阶能力。这四个部分的内容，基本构成了美国学生的"核心素养"：

① 核心学科与 21 世纪主题。核心学科是指英语、阅读和语言艺术、世界语、艺术、数学、科学、地理、历史、政治学和公民教育。学校还需要在核心学科的教学中，渗透 21 世纪跨学科

---

① 钟启泉. 基于核心素养的课程发展：挑战与课题［J］. 全球教育展望，2016（1）：3-25.

主题，包括全球意识，金融、经济、商业和创业素养，公民素养，健康素养。

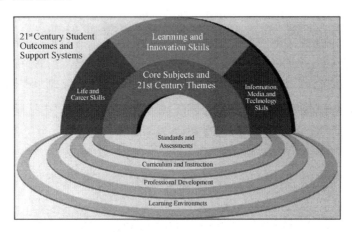

图4-1 21世纪学习框架

② 学习与革新技能。具备了学习与革新技能，学生就能对未来复杂的生活和工作环境做好准备。具体包括创造力和革新力、批判性思维和解决问题的能力、沟通与协作能力三项技能。

③ 信息、媒体和技术技能。21世纪的人类生活在科技和媒体环境中，通信工具的更新换代，使人们每天都能获取大量的信息。要想在21世纪高效地生活和工作，学生就必须掌握信息素养、媒体素养、ICT（资讯、通信和科技）素养。

④ 生活与职业技能。当今的生活和工作环境需要的远不止是思维能力和学科知识。要想驾驭复杂的生活和工作环境，在竞争激烈的全球化信息时代，需要学生积极关注生活技能与职业技能的培养。这些技能主要是指灵活性与适应性、主动性与自我导

向、社交和跨文化技能，生产力和问责技能，领导力和责任心①。

要帮助学生掌握这些知识与技能，需要构建一个强大的支持系统，即 21 世纪支持系统所包含的标准和评价、课程与教学、专业发展、学习环境四个部分。只有确保这四个部分有效运作并发挥实效，才能确保学生核心素养的培养。

2008 年，北卡罗来纳州加入了美国 21 世纪技能联盟，表明了该州对促进学生掌握 21 世纪知识与技能，发展学生核心素养的重视。"21 世纪学习框架"明确了学生学习的新目标，并对教师的教学提出了新的期待，为北卡罗来纳州制定新的教师评价量规，提供了理论依据。

3. 改善教学的里程碑

为了更好地帮助教育者和领导者衡量学校在定义、教学和评估 21 世纪技能方面的进展，美国 21 世纪技能联盟制定了《改善教学的里程碑》（*Milestones for Improving Learning and Education Guide*）。该文件提出了一系列 21 世纪学生所需要具备的知识和技能，是北卡罗来纳州专业教学标准的基础。21 世纪跨学科技能具体有如下内容：

（1）全球意识

·运用 21 世纪技能来理解和处理全球问题；

·在相互尊重、开放对话的个人、工作和社会背景下，与来自不同文化、具有不同宗教信仰和生活方式的人们共同学习与合作；

·使用他国语言来理解别国文化和民族。

---

① 贺巍，盛群力. 迈向新平衡学习——美国 21 世纪学习框架解析［J］. 远程教育杂志，2011（6）：79-87.

（2）金融、经济、商业和创业素养

·能够做出正确的经济决策；

·理解经济的角色，以及商业在经济中的角色；

·运用企业技能来增强生产效率，做出正确的职业选择。

（3）公民素养

·及时了解并有效参与政府的运作规程；

·在地方、省州、国家和全球背景下，行使公民权利，履行公民义务；

·了解公民对当地和国际事务的影响。

（4）健康素养

·获取健康信息和服务，并引导健康机构在改善自身、家庭和社区健康方面发挥积极作用；

·了解保障身心健康的措施，包括适当饮食、营养、锻炼、风险规避和减压；

·了解国内外人们的健康问题。

思考和学习能力则包括以下内容：

（5）批判性思维和问题解决能力

·在理解中运用合理的推理；

·做出复杂的选择；

·了解系统之间的互联；

·解构、分析和解决问题。

（6）沟通能力

·清晰有效地表达思想和想法。

（7）信息和媒体素养技能

·理解、管理和创造不同形式和环境下有效的口头、书面和多媒体沟通；

·通过各种形式和媒体分析、访问、管理、集成、评估和创建信息。

（8）创造力和创新能力

·在工作中表现出独创性和创造性；

·开发、实施并向他人交流新想法；

·对新的和多样化的观点保持开放和积极的态度。

（9）协作能力

·展示与不同团队有效合作的能力；

·愿意提供帮助，并做出必要的妥协，以实现共同的目标。

（10）持续学习能力

·有能力在课堂内外的各种环境中开展教育；理解知识是在一定的环境中获得的。

（11）ICT（资讯、通信和科技）素养

·在获得和利用21世纪技能的过程中使用技术。

（12）领导力

·利用人际关系和解决问题的技能来影响他人实现目标；

·能够利用他人的优势来实现共同的目标。

（13）职业道德

·在个人、工作场所和社区环境中展示诚信和道德。

（14）责任感

·为自己和他人设定高标准与高目标并达到高标准与高目标。

（15）适应性

·适应不同的角色和职责；

·容忍歧义和改变优先次序。

（16）个人生产力

·有效利用时间和管理工作量；

·守时可靠。

（17）个人责任

·在个人、工作场所和社区环境中提升个人责任感和灵活性。

（18）人际交往能力

·与他人一起适当且富有成效地工作。

（19）自我调适

·了解自己的学习需求；

·展示提升专业技能水平的主动性；

·能够在没有直接监督的情况下做好工作安排，完成任务；

·表现出终身学习的决心。

（20）社会责任

·以更广大社区的利益为出发点，采取负责任的行动。

4.5.2　量规内容

在《北卡罗来纳州专业教学标准》和《改善教学的里程碑》，以及"21世纪学习框架"的基础上，北卡罗来纳州教育委员会编制了包含5个标准、25条要素的评价量规。

标准 I：教师具备较强的领导力

a：课堂领导力。

教师对全体学生的学习负责，确保他们能够高中毕业，无论是选择就业，还是继续深造，都具备国际竞争力，并把这个目标愿景明确告知学生；运用多种数据来组织、规划和确立目标，满足学生和班级的需要；运用多样化的评估数据来评价学生的进步，适时调整教学；营造安全有序的课堂环境，并创造良好的氛围，使学生懂得合作，成为终身学习者。

b：学校领导力。

教师与同事合作，构建专业学习共同体；通过分析学区、州和国家的数据来制定学校改进计划中的目标和策略，以期提高学生的学习水平，改善教师的工作环境；协助制定学校预算，并根据学生和自身专业成长的需要精心设计专业发展计划；参与招聘过程，并与同事合作，指导和支持他们改进教学效度。

c：教学专业领导力。

教师努力提升专业化水平，为建立积极的学校工作环境做出贡献；积极参与教育决策制定；与同事们协作，不断提高专业能力，促进专业成长。

d：政策执行力。

教师支持对学习有益的政策和实践变化；参与改进教学的政策实施。

e：高标准的师德水平。

教师具备诚实、正气、尊重和公平待人等道德准则，遵守《北卡罗来纳州教师道德规范》和《职业行为标准》。

标准Ⅱ：教师为多元学生营造和谐环境

a：营造孩子与成人和谐共处的环境。

教师着力营造一个温馨、支持、包容、灵活的学习环境。

b：接纳学校和世界的多元化。

教师掌握多元文化的历史知识，以及其在塑造国际议题上的作用；精选材料，设计教学，避免成见，兼收并蓄不同文化的积极贡献；意识到种族、民族、性别、宗教和其他文化元素对学生成长和个性发展的影响，努力探索学生的文化背景如何影响他们的学习表现；借鉴和整合不同的教学观念。

c：尊重学生的个性差异。

教师对有着不同背景的学生保持较高的期待，包括顺利地高中毕业；欣赏学生的独特性，重视每一个学生在学习环境中通过构建积极恰当的关系所做出的贡献。

d：满足学生的特殊需求。

教师与支持专家合作，满足所有学生的特殊需求；通过融合教育及其他有效的教学模式，鼓励学生参与和实践，确保他们的需求得到满足。

e：与家庭和社区的协同合作。

教师承认教育孩子是学校、家长和社区共同的责任；构建学校团队的合作关系，增进信任与理解，改进学校与家庭、社区的交流与合作；寻求解决方案来消除妨碍家庭和社区参与学校教育的文化和经济障碍。

标准Ⅲ：教师掌握所教学科的内容

a：根据《北卡罗来纳州课程学习标准》设计教学。

教师深入研究由专家团队制定的《北卡罗来纳州课程学习标准》；开发和运用策略来增强课程的严密性，提供平衡课程来提高学生的读写能力；小学教师在读写教学上做好准备，初中和高中教师在知识领域和学科中整合读写教学。

b：掌握专业教学内容。

通过掌握课程内容和将学生的好奇心转化为学习兴趣，教师加深了对课堂的理解；小学教师掌握广博的跨学科知识，初中和高中教师在一门或几门知识领域或学科中有深入研究。

c：辨识不同学科领域的内在关联。

教师知晓不同年级和学科间的联系，掌握所教年级、学科与

《北卡罗来纳州课程学习标准》之间的联系；将本学科与其他学科内容相联系以帮助学生加深理解和衔接学习；提升学生的全球意识，促进其与所教授学科的关联性。

d：使教学与学生生活相关联。

教师在教学中有意识、有策略、广泛地渗透 21 世纪生活技能；帮助学生掌握《北卡罗来纳州课程学习标准》与 21 世纪主题之间的关系。

标准Ⅳ：教师促进学生的学习

a：掌握学习的方式，了解学生在智力、身体、社会和情感等方面的发展水平。

教师了解学生思考和学习的方式；知晓影响个人学习的因素，并由此进行差异化教学；了解最新的有关学生学习的研究成果；调整资源以应对学生的优势和劣势。

b：根据所教学生制订教学计划。

教师与同事合作，运用多种数据源制订近期和远期的教学计划；吸引学生参与学习过程；实时监测和修改教学计划以促进学生的学习；使课程满足学生的文化差异和个体需求。

c：运用多样化的教学方法。

教师选择能有效满足学生需求的方法和技巧，努力缩小学生间的学业差距；运用多种不同的技巧，包括信息与通信技术，学习风格和差异化教学法。

d：在教学过程中整合运用技术手段。

教师有效使用技术手段来最大限度地提高学生的学习；帮助学生通过技术手段来学习知识、批判性思考、识别可信度、使用资讯，促进沟通、创新与合作能力。

e：帮助学生发展批判性思维和解决问题的能力。

教师鼓励学生提出问题，创造性思考，开发和测试创新理念，综合知识，推导结论；帮助学生操练和表达推理，理解联系，做出复杂选择，解构、分析和解决问题。

f：帮助学生学会团队合作，提高他们的领导力。

教师教会学生合作与协商的重要性；通过组织学习小组来帮助学生在团队中确定角色，增强社会关系，提升沟通与合作技能，学会与来自不同文化背景的人互动合作，培育领导品质。

g：与学生有效交流。

教师以学生能清楚理解的方式与他们沟通交流；做敏锐的倾听者；即便当语言是障碍时，也能够运用多种方式和学生沟通交流；帮助学生清楚有效地表达观点和想法。

h：运用多种方法评价每一位学生的学习。

教师运用多样化的形成性和终结性评价方法，在学生努力缩小学业差距的过程中，评估学生的进步和成长；提供学生进行自评和互评的机会、方法、反馈和工具；运用 21 世纪评价体系来反馈教学，证明学生是否掌握了 21 世纪所需的知识、技能、行为和气质。

标准 V：教师反思自己的专业实践

a：分析学生的学习。

教师系统和辩证地思考学生的学习：为什么学生这样学习，还能做些什么来提高学生的学业水平；收集和分析学习成绩数据以改进教学效果；根据研究和数据来调整教学实践。

b：将专业成长和专业目标相联系。

教师参加高质量的、可持续的专业发展；在专业发展中体现全球教育实践的观点，融入 21 世纪的知识和技能，与州教育委员会的优先事项保持一致，并满足学生和教师自身专业成长的需求。

c：在复杂变化的环境中有效地发挥作用。

教师深知变化是永恒的，积极研究和思考改进教学的新观念、新技术、新方法；根据研究和数据来调整教学实践。

刘尧教授认为，发展性教师评价从素质指标、职责指标、绩效指标三个维度出发，设计评价的指标体系。素质指标指向教师的职业素养，职责指标指向教师的工作表现，绩效指标指向教师的教学质效①。程振响教授提出的发展性教师评价指标，在以上三个维度的基础上还增加了教师发展指标②。

北卡罗来纳州的中小学教师评价量规，以五个标准、二十五条要素为切入点，兼顾指标体系四个维度的要求，对教师开展有效评定。具体来说，在教师素质指标方面，要求教师掌握专业教学内容，辨识不同学科领域的内在关联，并使教学内容与学生的生活相关联；在教学中，教师能够运用多样化的教学方法，通过与学生的有效交流和指导学生的团队合作，培养他们的批判性思维和解决问题的能力；教师具有高标准的师德水平，模范遵守教师职业道德规范。

在教师职责指标方面，要求教师为学生营造温馨、包容、灵活、安全的学习环境；尊重学生的个性差异，满足学生的特殊需求；掌握学生的学习方式，能识别他们在智力、身体、社会和情感等方面的发展水平；根据学生制订教学计划，并运用多样化的教学方法和评价手段；通过与社区、家庭的协同合作，共同承担

---

① 刘尧. 发展性教师评价的理论与模式［J］. 教育理论与实践，2001（12）：28-32.

② 程振响. 发展性教师评价的理念、框架设计及其操作［J］. 陕西教育学院学报，2001（4）：15-18.

教育责任，促进学生的全面发展；懂得与同事合作，并积极参与学校改进计划的制定与实施。

在教师绩效指标方面，要求教师系统和辩证地思考学生的学习：为什么学生这样学习，还能做些什么来提高学生的学业水平；通过收集和分析学生的学业成绩数据来指导教学实践，改进教学效果；深入研究《北卡罗来纳州课程学习标准》，积极研究和思考改进教学的新观念、新技术、新方法；通过与同事、学校、家庭和社区的合作，共同促进学校的发展，提高学生的学业水平。

在教师发展指标方面，要求教师参加高质量的、可持续的专业发展；在专业发展中体现全球教育实践的观点，融入21世纪的知识和技能，与州教育委员会的优先事项保持一致，并满足学生和教师自身专业成长的需求。

总而言之，北卡罗来纳州的中小学教师评价量规具有较为广阔的视野，既关注教师的教学工作，也关注教师工作的其他方面；既关注教师自身知识技能的提升，也关注学生、学校的共同发展；既关注教师当前的表现，也关注教师未来的发展，体现了发展性教师评价的特征和优势。

4.6　评价量表

4.6.1　教师评价表（教师自评、课堂观察）

标准Ⅰ：教师具备较强的领导力（见表4-1）

表4-1 领导力评价

课堂观察	要素Ⅰa：课堂领导力。 教师对全体学生的学习负责，确保他们能够高中毕业，无论是选择就业，还是继续深造，都具备国际竞争力。教师把这个目标愿景明确告知学生。教师运用多种数据来组织、规划和确立目标，满足学生和班级的需要。在一学年中，教师运用多样化的评估数据来评价学生所取得的进步，并据此适时调整教学。教师营造安全有序的课堂环境，并创造良好的氛围，使学生懂得合作，成为终身学习者				
	合格	熟练	优秀	卓越	不合格 （需注释）
√	□知道如何帮助学生顺利地高中毕业 □使用数据来了解学生的知识和技能	□对学生的进步负责，确保他们能够高中毕业 □在所有的课堂活动中，都能基于数据驱动来开展教学 □营造安全有序的课堂环境	□告知学生学习的目标是为21世纪的生活做好准备 □运用多样化的评估数据来评价学生所取得的进步 □创造一种课堂文化，使学生懂得合作，成为终身学习者	□鼓励学生对自己的学习负责 □使用课堂评价数据来指导教学设计 □鼓励并使学生能够建立和维持安全的、支持性的学校和社区环境	

续表

课堂观察	要素Ⅰb：学校领导力。 教师和学校教职员工合作，构建专业学习共同体。教师通过分析学区、州和国家的数据来制订学校改进计划中的目标和策略，提高学生的学习水平，改善教师的工作环境。教师协助制定学校预算，并根据学生和自身专业成长的需要来精心设计专业发展计划。教师参与招聘过程，并与同事合作，指导和支持教研组和年级组教师改进教学效度				
	合格	熟练	优秀	卓越	不合格 （需注释）
	□参加专业学习共同体会议	□参加专业学习共同体	□在专业学习共同体中承担领导角色	□与同事合作，提升学校教学的质量	
	□知晓学校改进计划的目标	□参与制订和（或）实施学校改进计划	□在学校改进活动中与教职员工合作	□在实施学校改进计划中承担领导角色	
课堂观察	要素Ⅰc：教学专业领导力。 教师努力提升专业水平，为建立积极的学校工作环境做出贡献。教师积极参与教育决策制定。教师和同事们协作，不断提高专业能力，促进专业成长				
	合格	熟练	优秀	卓越	不合格 （需注释）
	□了解专业成长的需要和机会，并开始和同事建立关系	□通过专业成长，促进专业提升	□通过专业成长活动与合作，促进积极的工作关系	□寻求机会，在专业成长活动和决策制定过程中发挥领导作用	
		□建立积极的工作关系			
		□按要求参与学校的决策制定			

· 118 ·

续表

课堂观察	要素 I d：政策执行力。 教师支持对学生学习有益的政策和实践变化，参与改进教学政策				
	合格	熟练	优秀	卓越	不合格 （需注释）
	□了解影响学生学习的政策和实践	□支持对学生学习有益的政策和实践变化	□参与制定改善学生学习的政策和实践	□积极参与和促进改进教学政策，提供强有力的支持证据	
课堂观察	要素 I e：高标准的师德水平。 教师具备诚实、正气、尊重和公平待人等道德准则，遵守《北卡罗来纳州教师道德规范》（1997 年 6 月 1 日生效）和《职业行为标准》（1998 年 4 月 1 日生效）				
	合格	熟练	优秀	卓越	不合格 （需注释）
	□知晓在《北卡罗来纳州教师道德规范》和《职业行为标准》中概述的道德行为的重要性	□以遵守《北卡罗来纳州教师道德规范》和《职业行为标准》来表现出道德行为	□理解和维护《北卡罗来纳州教师道德规范》和《职业行为标准》	□模范遵守《北卡罗来纳州教师道德规范》和《职业行为标准》，并鼓励其他人也这样做	
点评：					

教师作品示例：

□教学计划

□日志

☐学生手册

☐学生作业

☐学校改进计划

☐委员会服务经历

☐相关数据

☐课堂规则和程序

☐参与教师工作情况调查

☐专业学习共同体

☐加入专业组织

☐正式和非正式指导

☐调查

☐全美教学认证

☐惩戒记录

☐＿＿＿＿＿＿＿＿＿＿＿

标准Ⅱ：教师为多元学生营造和谐环境（见表4-2）

表4-2　营造环境

课堂观察	要素Ⅱa：营造孩子和成人和谐共处的环境。 教师着力营造一个温馨、恭敬、支持、包容、灵活的环境				
	合格	熟练	优秀	卓越	不合格 （需注释）
√	☐欣赏和理解建立和谐关系的需要	☐营造一个温馨、恭敬、包容、灵活、支持的学习环境	☐保持积极和谐的学习环境	☐鼓励和倡导他人为所有学生营造积极和谐的学习环境	

课堂观察	要素Ⅱb：接纳学校和世界的多元化。 教师掌握多元文化的历史知识，以及其在塑造国际议题上的作用。教师精选材料，设计教学，避免成见，兼收并蓄不同文化的积极贡献。教师意识到种族、民族、性别、宗教和其他文化元素对学生成长和个性发展的影响，并努力探索学生的文化背景如何影响他们的学习表现。教师借鉴和整合不同的教学观念				
	合格	熟练	优秀	卓越	不合格（需注释）
√	□承认多元文化影响世界	□知晓多元文化及其历史，明白多元文化在塑造国际议题上的作用	□精选材料，设计教学，避免成见；承认所有文化的贡献	□通过综合课程中的文化敏感材料和理念，增进对文化的深入理解	
√	□意识到教室里的学生存在多样性	□承认种族、民族、性别、宗教、社会经济状况和文化对学生成长和个性发展具有影响	□始终如一地在教学中整合不同的观念	□在课堂上利用好多元化的优势	

课堂观察	要素Ⅱc：尊重学生的个性差异。 教师对有着各种不同背景的学生保持较高的期待，包括顺利地高中毕业。教师欣赏学生的独特性，重视每一个学生在学习环境中通过构建积极恰当的关系所做出的贡献				
	合格	熟练	优秀	卓越	不合格（需注释）
√	□对学生抱有较高期待	□把高期待传达给所有学生	□不管学生的背景和能力如何，鼓励和重视他们的贡献	□帮助学生对自己和同伴树立较高期待	

续表

课堂观察	要素Ⅱd：满足学生的特殊需求。 教师与专家合作，满足所有学生的特殊需求。通过融合教育及其他有效的教学模式，教师鼓励学生参与和实践，并确保他们的需求得到满足				
	合格	熟练	优秀	卓越	不合格 （需注释）
√	□承认学生具有多种学习需求	□与那些能够支持学生特殊学习需求的专家进行合作	□理解各种支持专家的作用，并与他们合作来帮助满足所有学生的特殊需求	□预测学生独特的学习需求，并从校内外寻求帮助来满足这些需求	
√	□了解满足学生特殊需求的有效实践	□针对学生的特殊需求，提供独特的学习机会，包括融合教育和基于研究的有效实践	□有效地吸引有特殊需求的学生参与学习活动，并确保他们的需求得到满足	□根据学生的特殊需求，调整教学，并帮助同事也这么做	
课堂观察	要素Ⅱe：与家庭和社区的协同合作。 教师承认教育孩子是学校、家长和社区共同的责任。为了增进信任与理解，构建学校团队的合作关系，教师改进学校与学生家庭、社区的交流与合作。教师寻求解决方案来消除妨碍家庭和社区参与学校教育的文化和经济障碍				
	合格	熟练	优秀	卓越	不合格 （需注释）
	□回应家庭和社区的关切	□为了学生的利益，与家庭和社区合作	□识别家庭和社区参与学校教育的障碍，并认真寻求解决方案	□增进学校和社区的信任与理解	
点评：					

教师作品示例：

☐学生个人档案

☐学生调查

☐与第二外语教师的合作

☐整合了国际内容的课程

☐参考数据的文档编制

☐个别化教育方案（IEPs）的应用

☐与家长、社区的沟通交流

☐在文化态度和意识方面的专业发展

☐在课程中运用技术来渗透文化意识

☐＿＿＿＿＿＿＿＿＿＿

标准Ⅲ：教师掌握所教学科的内容（见表4-3）

表 4-3 掌握学科内容

课堂观察	要素Ⅲa：根据《北卡罗来纳州课程学习标准》设计教学。为了增进对《北卡罗来纳州课程学习标准》的理解，教师研究由专家组成的专业团队制定的内容标准。教师开发和运用策略来增强课程的严密性，提供平衡的课程来提高学生的读写能力。小学教师在读写教学上做好详尽系统的准备。初中和高中教师在知识领域和学科中整合读写教学				
	合格	熟练	优秀	卓越	不合格（需注释）
√	□知晓《北卡罗来纳州课程学习标准》并在准备教学设计时进行参考	□理解《北卡罗来纳州课程学习标准》并用它来准备教学设计，运用策略来增强课程的严密性	□基于《北卡罗来纳州课程学习标准》和专业团队制定的标准，开发和运用策略来使课程平衡、严谨和相关	□帮助同事在课堂上运用这些策略	
√	□小学：在所选课程中整合读写教学	□小学：在课程中有效整合读写教学	□小学：评价和反思读写教学的有效性	□小学：在教学实践中做出必要的调整来改进学生的学习	
√	□中学：认识到在知识领域整合读写策略的重要性	□中学：在知识领域整合多种读写技能来促进学习	□中学：评价和反思在知识领域中读写教学的有效性	□中学：在教学实践中做出必要的调整来改进学生的学习	

课堂观察	要素Ⅲb：掌握专业教学内容。 通过掌握所教授课程的内容和将学生的好奇心转化为学习兴趣，教师对课堂有更深刻的理解。小学教师掌握广博的跨学科知识。初中和高中教师在一门或几门知识领域或学科中有深入研究				
	合格	熟练	优秀	卓越	不合格 （需注释）
√	□掌握所教授学科领域基本的内容知识	□掌握所教授学科领域适当的内容知识	□运用超越所教授学科的内容知识。激励学生通过研究知识领域来扩大知识量，满足好奇心	□延伸所教授课程的内容知识。激发学生学习课外知识的好奇心	

课堂观察	要素Ⅲc：辨识不同学科领域的内在关联。 教师知晓不同年级和学科间的联系，掌握所教年级、学科与《北卡罗来纳州课程学习标准》之间的联系。为了帮助学生加深理解和衔接学习，教师将本学科与其他学科的内容相联系。教师应提升学生的全球意识，促进其与所教授学科的关联性				
	合格	熟练	优秀	卓越	不合格 （需注释）
√	□知晓学科、年级与《北卡罗来纳州课程学习标准》之间的联系	□掌握学科、年级与《北卡罗来纳州课程学习标准》之间的联系	□知晓不同年级和学科间的联系，掌握年级、学科与《北卡罗来纳州课程学习标准》之间的联系。将内容与其他学科相联系	□与其他年级和学科教师合作，建立学科间的联系，影响学校范围内的课程与教学实践	
√	□展现全球意识	□提升学生的全球意识，并促进其与所教授学科的关联性	□在教学设计和课堂教学实践中整合全球意识活动	□提升全体教职员工的全球意识，从而影响学校范围内的课程和教学实践	

课堂观察	要素Ⅲd：使教学与学生生活相关联。教师在教学中有意识、有策略、广泛地渗透21世纪生活技能，包括领导力、伦理道德、问责力、适应力、个人生产力、责任心、人际交往能力、自我导向能力和社会责任感。教师帮助学生掌握《北卡罗来纳州课程学习标准》与21世纪主题（包括全球意识，金融、经济、商业和创业素养，公民素养，健康素养）之间的关系				
	合格	熟练	优秀	卓越	不合格（需注释）
√	□知晓《北卡罗来纳州课程学习标准》与21世纪生活间的关系	□知晓核心内容与21世纪主题之间的关系	□在教学设计和课堂教学实践中整合核心内容和21世纪主题	□加深学生对21世纪技能的理解，帮助他们做出自己的联系并发展新技能	
点评：					

教师作品示例：

□学生创造性作品展示

□《北卡罗来纳州课程学习标准》的使用

□教学设计

□内容标准

□＿＿＿＿＿＿＿＿＿＿

标准Ⅳ：教师促进学生的学习（见表4-4）

表4-4 促进学生学习

课堂观察	要素Ⅳa：掌握学习发生的方式，了解学生在智力、身体、社会和情感等方面所处的发展水平。 教师了解学生思考和学习的方式。教师知晓影响个人学习（成长、文化、语言能力等）的因素，并由此进行差异化教学。教师了解最新的有关学生学习的研究成果。教师调整资源以应对学生的优势和劣势				
	合格	熟练	优秀	卓越	不合格（需注释）
√ √	□知晓学生的发展水平，承认差异化教学的需要	□知晓学生的发展水平并适当地进行差异化教学 □评估应对学生优势和劣势的资源	□识别学生恰当的发展水平并坚持适当地进行差异化教学 □检查和使用替代资源或调整现有资源来发挥学生的优势或应对学生的劣势	□鼓励和引导同事调整教学，使教学和学生的发展水平保持一致 □了解当前有关学生学习的研究和新兴资源，并鼓励学校为了全体学生的利益采用或适应这些研究和资源	

课堂观察	要素Ⅳb：根据所教学生制订教学计划。 教师与同事合作，运用多种数据源制订近期和远期的教学计划。这些教学计划反映学生的学习方式。教师吸引学生参与学习过程。教师清楚为了促进学习，教学计划必须实时监测和修改。教师使课程满足学生的文化差异和个体需要				
	合格	熟练	优秀	卓越	不合格（需注释）
√	□意识到数据源对于设计教学的重要性	□运用多种数据制订近期和远期教学计划。监测和修改教学计划，从而促进学生的学习	□为了吸引学生参与学习过程，监测学生的学业表现，响应每一位学生的学习需求	□在学校改进过程中，监测学生的学业表现，响应学生的文化差异和个体需求	
课堂观察	要素Ⅳc：运用多样化的教学方法。 教师选择能有效满足学生需求的方法和技巧，努力缩小学生间的学业差距。教师运用多种不同的技巧，包括信息与通信技术，学习风格和差异化教学法				
	合格	熟练	优秀	卓越	不合格（需注释）
√	□意识到满足全体学生需求的多种方法和材料的必要性	□意识到或使用恰当的方法和材料来满足全体学生的需求	□通过精选和使用恰当的方法和材料，确保所有学生获得成功	□关注最新的研究领域和新颖、创新的材料，并将它们融合于教学计划和教学策略中	

课堂观察	要素Ⅳd：在教学过程中整合运用技术手段。教师知道何时及如何使用技术手段来最大限度地提高学生的学习。教师帮助学生通过技术手段来学习知识、批判性思考、识别可信度、使用资讯，促进沟通、创新与合作能力				
	合格	熟练	优秀	卓越	不合格（需注释）
√	□有效评价可用于教学的技术手段类型	□掌握如何在教学中运用技术手段	□将技术手段与教学相结合，最大限度地提高学生的学习	□通过整合技术手段，提供学生参与更高层次思考技能的证据	
课堂观察	要素Ⅳe：帮助学生发展批判性思维和解决问题的能力。教师鼓励学生提出问题，创造性思考，开发和测试创新理念，整合知识，推导结论。教师帮助学生操练和表达推理，理解联系，做出复杂选择，解构、分析和解决问题				
	合格	熟练	优秀	卓越	不合格（需注释）
√	□理解开发学生批判性思维和解决问题技能的重要性	□掌握培养学生批判性思维和解决问题技能所需的过程	教授学生以下内容：□创造性和批判性思考；□开发和测试创新理念；□整合知识；□推导结论；□操练和表达推理；□理解联系；□做出复杂选择；□解构、分析和解决问题	□鼓励和帮助全校教师在教学实践中整合批判性思维和解决问题能力的培养	

课堂观察	要素Ⅳf：帮助学生学会团队合作，提高他们的领导力。 教师教会学生合作与协商的重要性。教师通过组织学习小组来帮助学生在团队中确定角色，增强社会关系，提升沟通与合作技能，学会与来自不同文化背景的人互动合作，培育领导品质				
	合格	熟练	优秀	卓越	不合格 （需注释）
√	□在学生学习团队中，提供合作、协商与领导的机会	□组织学生学习团队来发展学生的合作与协商能力及领导力	□鼓励学生建立和管理学习团队	□促进培养学生在课堂外所需的领导力和团队协作技能	

课堂观察	要素Ⅳg：与学生有效交流。 教师以学生能清楚理解的方式和他们沟通交流。教师是敏锐的倾听者。即便当语言存在障碍时，也能够运用多种方式和学生沟通交流。教师帮助学生清楚有效地表达观点和想法				
	合格	熟练	优秀	卓越	不合格 （需注释）
√	□具备和学生有效沟通的能力	□使用多种方法和全体学生沟通交流	□创造多种方法和全体学生沟通交流	□预测学生可能产生的误解，主动开发教学技巧来减轻学生的忧虑	
√	□为学生提供表达观点和想法的机会	□始终鼓励和支持学生清楚有效地表达观点和想法	□建立起鼓励全体学生发展有效沟通技能的课堂实践	□建立合适的学校和年级媒介，鼓励全校学生发展有效沟通的能力	

课堂观察	要素Ⅳh：运用多种方法评价每一位学生的学习。 教师运用多样化的形成性和终结性的评价方法，在学生努力缩小学业差距的过程中，评估学生的进步和成长。教师提供学生进行自评和互评的机会、方法、反馈和工具。教师运用 21 世纪评价体系来反馈教学，证明学生是否掌握了 21 世纪所需的知识、技能、行为和气质				
	合格	熟练	优秀	卓越	不合格 （需注释）
√	□运用指标来监测和评价学生的进步	□运用多样化的形成性和终结性指标来监测和评价学生的进步，并反馈教学	□运用在评价活动中获取的信息来改进教学实践和学生的学习	□教会并鼓励学生运用自评和互评结果来评估自己的学习	
√	□评价学生是否具备了21 世纪知识、技能和气质	□提供学生掌握了 21 世纪知识、技能和气质的证据	□为学生提供开展自评和互评的机会	□鼓励和引导同事对 21 世纪知识、技能和气质展开评价，并根据评价信息来调整教学实践	
点评：					

教师作品示例：

□教学计划

□技术手段的使用

□专业发展

□学生学习团队的运用

□差异化教学的文档编制

□用于促进批判性思维和解决问题能力的材料

□集体备课

□＿＿＿＿＿＿＿＿＿＿＿＿＿＿

标准Ⅴ：教师反思自己的专业实践（见表4-5）

表4-5　反思专业实践

课堂观察	要素Ⅴa：分析学生的学习。 教师系统和辩证地思考学生在课堂上和学校里的学习：为什么学生这样学习，还能做些什么来提高学生的学业水平。教师收集和分析学生的学习成绩数据以改进教学效果。为了更好地满足学生的需求，教师根据研究和数据来调整教学实践				
	合格	熟练	优秀	卓越	不合格（需注释）
	□承认改进学生课堂学习的必要性	□在"能做些什么来改进学生的课堂学习"上有想法	□系统和辩证地思考学生的学习：为什么学生这样学习，还能做些什么来提高学生的学业水平	□在"能做些什么来改进学生的课堂学习"上有详细的分析，并在课堂和学校层面运用这些分析来调整材料和教学实践	
课堂观察	要素Ⅴb：将专业成长和专业目标相联系。 教师参加高质量的、可持续的专业发展。在专业发展中体现全球教育实践的观点，融入21世纪的知识和技能，与州教育委员会的优先事项保持一致，并满足学生和教师自身专业成长的需求				
	合格	熟练	优秀	卓越	不合格（需注释）
	□理解专业发展的重要性	□参加与专业目标相一致的专业发展	□参加与目标和学生需求相一致的专业发展活动	□应用和实施在与目标相一致的专业发展中获得的知识和技能	

续表

课堂观察	要素Ⅴc：在复杂变化的环境中有效地发挥作用。 教师深知变化是永恒的，并积极研究和思考改进教学的新观念、新技术、新方法。为了更好地满足学生的需求，教师根据研究和数据来调整教学实践				
	合格	熟练	优秀	卓越	不合格 （需注释）
	□了解当前的研究型教学方法	□思考和运用多种研究型教学方法	□积极研究和思考可替代的用于改进教学的研究型方法，并恰当地运用好这些方法	□根据数据调整专业实践，并评估对学生学习的影响	
点评：					

教师作品示例：

□教学计划

□形成性评价

□学生作业

□专业发展计划

□专业发展的完成

□专业学习共同体的参与情况

□形成性和终结性评价数据

□＿＿＿＿＿＿＿＿＿

4.6.2　教师总结/年终评价表

标准Ⅰ：教师具备较强的领导力（见表4-6）

表 4-6 领导力

要素	合格	熟练	优秀	卓越	不合格
A. 课堂领导力					
B. 学校领导力					
C. 教学专业领导力					
D. 政策执行力					
E. 高标准的师德水平					
总评					

点评： 改进建议： 所需材料：	支撑评价的证据或文档： □教学计划 □学校改进计划 □教师工作条件 □调查 □日志 □委员会服务经历 □专业学习共同体 □全美教学认证 □学生手册 □相关数据 □加入专业组织 □惩戒记录 □学生作业 □课堂规则和程序 □正式和非正式指导 □_____

标准Ⅱ：教师为多元学生营造和谐环境（见表 4-7）

表 4-7 营造环境

要素	合格	熟练	优秀	卓越	不合格
A. 营造孩子和成人和谐共处的环境					
B. 接纳学校和世界的多元化					
C. 尊重学生的个性差异					
D. 满足学生的特殊需求					

续表

要素	合格	熟练	优秀	卓越	不合格
E. 与家庭和社区的协同合作					
总评					
点评：	支撑评价的证据或文档： □学生个人档案 □参考数据的文档编制 □个别化教育方案的应用 □学生调查 □和家长、社区的沟通交流 □与第二外语教师的合作 □整合了国际内容的课程 □在课程中运用技术来渗透文化意识 □＿＿＿＿＿＿＿				
改进建议：					
所需材料：					

标准Ⅲ：教师掌握所教学科的内容（见表4-8）

表4-8 学科内容

要素	合格	熟练	优秀	卓越	不合格
A. 根据《北卡罗来纳州课程学习标准》设计教学					
B. 掌握专业教学内容					
C. 辨识不同学科领域的内在关联					
D. 使教学与学生生活相关联					
总评					
点评：	支撑评价的证据或文档： □学生创造性作品展示 □《北卡罗来纳州课程学习标准》的使用 □教学设计 □内容标准 □＿＿＿＿＿＿＿				
改进建议：					
所需材料：					

标准Ⅳ：教师促进学生的学习（见表4-9）

表4-9　促进学生学习

要素	合格	熟练	优秀	卓越	不合格
A. 掌握学习发生的方式，了解学生在智力、身体、社会和情感方面的发展水平					
B. 根据所教学生制订教学计划					
C. 运用多样化的教学方法					
D. 在教学过程中整合运用技术手段					
E. 帮助学生发展批判性思维和解决问题的能力					
F. 帮助学生学会团队合作，提高他们的领导力					
G. 与学生有效交流					
H. 运用多种方法评价每一位学生的学习					
总评					
点评： 改进建议： 所需材料：	支撑评价的证据或文档： □教学计划 □差异化教学的文档编制 □技术手段的使用 □用于促进批判性思维和解决问题能力的材料 □专业发展 □集体备课 □学生学习团队的运用 □_____				

标准Ⅴ：教师反思自己的专业实践（见表4-10）

表 4-10　反思专业实践

要素	合格	熟练	优秀	卓越	不合格
A. 分析学生的学习					
B. 将专业成长和专业目标相联系					
C. 在复杂变化的环境中有效地发挥作用					
总评					
点评： 改进建议： 所需材料：	支撑评价的证据或文档： □教学计划 □完成专业发展 □形成性评价 □学生作业 □专业学习共同体的参与情况 □形成性和终结性评价数据 □专业发展计划 □_____				

4.6.3　教师专业发展计划

学年：_____

教龄：1 年 □　2 年 □　3 年 □　4 年 □　终身教职 □

　　　系统外选任教师 1 年 □　2 年 □　3 年 □

姓名：_____　职务/学科领域：_____

学校：_____

导师：_____　职务/学科领域：_____

学校：_____

A 教师评价

北卡罗来纳州专业教学标准：	待处理的标准：
1. 教师具备较强的领导力	
2. 教师为多元学生营造和谐环境	
3. 教师掌握所教学科的内容	待处理的要素：
4. 教师促进学生的学习	
5. 教师反思自己的专业实践	

B 教师策略

目标要素	活动/行动	预期结果和完成的证据	所需资源	时间轴
目标 1：				
目标 2：				

教师签名：_____ 日期：_____

导师签名：_____ 日期：_____

领导签名：_____ 日期：_____

计划： 个人 □   视导 □   定向 □

4.7　评价技术

4.7.1　教师自评

教师根据评价量规中的标准和要素，对自己的教学绩效和专业发展做出评价和判断。自我评价是在没有外部干预的情况下，教师对自己专业实践的一种个人反思，发现自身优势，并查找短板。自我评价的目的是明确绩效预期，引导目标设立的讨论。教师自评是促进自身成长的重要手段，在自我评判的过程中，教师需要对自己的知识储备、教学方法、成绩效果、专业发展等方面进行全面的回顾与梳理，从而总结经验，查清问题，明确努力的方向。

教师在进行自评时，需要完成评价表。通过在每一要素下的相关描述前打钩来完成自我评价。打钩的项目即是教师的强项，而没有打钩的条目则被视为是有待改进的地方。教师在学年开始前完成自我评价，并在整个学年中不断反思自己的教学表现。

4.7.2　校长、同行课堂观察

课堂观察前，校长和教师会举行会谈。教师向校长介绍自评情况和专业发展计划的制订情况。课堂观察前会议的另一个重要议题是教师将要上的课，教师会向校长提供一份课堂教学的书面描述，详细说明教学的目标、内容、方法和程序，并认真回答校长的提问。针对即将展开的课堂观察，校长可能会向教师提出以下一系列问题：

① 将要观察的这节课的内容和目标是什么？

② 告诉我这些目标是如何与 21 世纪框架中的课程或基本标准相一致的。

③ 你如何确定学生的知识水平？

④ 你如何知道他们是否达到了预期的学习效果？

⑤ 你如何回应那些表现熟练的学生？又如何回应那些没有做到的学生？

⑥ 你会在这节课中使用马扎诺的九个高产量教学策略中的哪一个？为什么？

⑦ 你是如何与学生的家庭及对学生的生活至关重要的成年人合作的？

⑧ 你打算在本节课中使用技术手段吗？如果没有，请举例说明你是如何在其他课程中使用科技来吸引学生的。

⑨ 在你的课堂上如何区分所有的学习者？（产品、内容、过程、学习环境）

⑩ 是否有任何超出您控制范围的特殊问题（与学生、教室设施等有关），您希望我知道吗？

在随后进行的课堂教学观察中，校长和同行会认真记录教师的课堂表现。课堂观察同样使用教师自评时的评价表，表格中第一栏"课堂观察"下标"√"的项目，即意味着是可以在课堂教学过程中观察使用的。校长和同行评议人员根据在课堂中的观察，在相应的描述前打钩。假如在某一要素中，校长没有观察到任何一条描述，则可以判定为"不合格"，但需要解释说明，并提出改进建议。在每一次观察后的会议中，校长和教师会就课堂观察的情况进行讨论，总结强项，查找短板，提出建议。

针对不同类型的教师，校长和同行课堂观察的要求也不尽相同。如表 4-11 所示，对于不满三年的新手教师（Probationary

Teachers），需要进行的是综合模式的评价过程。对于任教满三年的终身教师（Career Status Teachers），只需进行简略模式的评价过程。当终身教师的资格证书处于更新的时候（Career Status License Renewal Year），则需要采用标准模式开展评价。课堂观察有正式和非正式之分，正式观察至少需要45分钟，甚至整节课的时间（在北卡罗来纳州，一节课通常为90分钟），并且必须组织观察后会议；而非正式的观察只需不少于20分钟，对观察后会议也没有硬性规定。

表4-11 北卡罗来纳州中小学教师评价模式①

评价模式	教师自评	专业发展计划	观察前会议	正式观察（含观察后会议）	正式观察（含观察后会议）	正式观察（含观察后会议）	正式观察（含观察后会议）	正式或非正式观察	正式或非正式观察	总结评价会议	总结评定表
综合模式	√	√	√	√	√	√	√			√	√
标准模式	√	√	√	√				√	√	√	√
简略模式	√	√						√	√	√	√

在所有的课堂观察完成后，每一项描述前"√"的数量将被相加，用于评定每一条标准下的相应要素。校长可以参考几次不同课堂观察中的打钩情况。每一要素的最终评定，取决于某一

---

① Public Schools of North Carolina. NCEES Evaluation Process［EB/OL］. http://www.ncpublicschools.org/effectiveness-model/ncees/instruments/, 2015.

条目下所有的描述是否都打了钩。

4.7.3　教师作品展示

在教师自评和课堂观察的基础上，北卡罗来纳州在开展教师评价时，还允许教师展示相关作品材料，以证明自己的教学表现和绩效。教师提交的作品，包括教学计划、教学设计、教学日志、学生作业、学生手册、参与学校改进计划情况、教育委员会服务经历、课堂规则和程序、教师工作条件调查、专业学习共同体、正式和非正式指导、全美教学认证、学生调查、与第二外语教师的合作、参考数据的文档编制、个别化教育方案（Individualized Education Program，简称 IEPs）的应用、《北卡罗来纳州课程学习标准》（NC Standard Course of Study）的使用、与家长和社区的沟通交流情况、在课程中运用技术来渗透文化意识、差异化教学的文档编制、形成性和终结性评价数据、集体备课、学生学习团队的运用、惩戒记录等。

教师向校长等评议人员展示相关作品，拓宽了评价信息的收集渠道和范围，保证了评价证据的完整和客观。教师工作是一个动态变化的过程，如果只单纯通过课堂观察，可能无法全面地反映教师的教学水平和综合素养。同时，教师的工作还具有社会性特征，除了教育学生，还需要和家长、社区等不同层面的人接触，内容广泛且复杂。教师通过展示家校联系、学生成绩、团队合作等方面的成果作品，从家长、社区、同事等不同侧面来展现自己的能力和水平。教师提交相关作品，极大地丰富了评价信息的来源，充实了评价资料，也有利于扭转"评价结论只凭校长主观生成"的局面。

王斌华教授认为，"多元评价主体"是发展性教师评价制度的重要特征①。北卡罗来纳州在开展中小学教师评价时，既有校长等行政领导组织的课堂观察评价，也有同行教师共同参与的相互评价，还为教师提供了自我评价、自我展示和自我反思的机会，充分发挥了教师的主体作用，凸显了教师的主体地位。这种校长、同行、教师共同参与的评价，具备了多元评价主体的特征，实践了发展性教师评价的理念。

4.8 评价结果运用

4.8.1 教师专业发展的基础

北卡罗来纳州的中小学教师评价体系是一种指向未来的发展性评价，其最终目的在于促进教师的专业发展，更新教师的知识技能，提升教师的能力水平。北卡罗来纳州的教师评价确定了五个不合格、合格、熟练、优秀和卓越不同的等级。根据评价结果的不同，教师需要制订不同类型的专业发展计划。

1. 个人成长计划（Individual Growth Plans）

当教师总结/年终评价表中的所有标准都至少被评定为"熟练"时，教师应该制订个人成长计划，以改进在某些具体确定的标准和要素上的表现。

此时，教师可以自行确定个人成长目标，制订专业发展计划。在年初、年中和年末，校长会至少和教师碰头三次，共同讨论专业发展计划②。

---

① 王斌华. 奖惩性与发展性教师评价制度的比较［J］. 上海教育科研，2007（12）：39-41.

② North Carolina Educator Evaluation System. Professional Development Plans Chart［EB/OL］. http://ncees. ncdpi. wikispaces. net/file/view/PDP+Chart. pdf.

2. 视导成长计划（Monitored Growth Plans）

当满足以下两个条件时，教师需要制订视导成长计划。

A. 在教师总结/年终评价表中的一个或多个标准中被评定为"合格"；

B. 不建议解雇、降职或解约。

视导成长计划以"视"（观察和记录）为基础，以"导"（指导和促进）为目标，帮助教师明确有待改进的标准和要素、有待达成的目标和应该进行的活动，以期通过努力达到"熟练"等级，并列出时间轴，确保教师在一学年内实现目标。

此时，教师需要和校长在经过讨论后，共同确定成长目标，制订专业发展计划。在年初、年中和年末，校长和教师至少需要见面三次，评估专业发展计划的进展。

3. 定向成长计划（Directed Growth Plans）

当满足以下两个条件时，教师需要制订定向成长计划。

A. 在教师总结/年终评价表中的任何一个标准中被评定为"不合格"，或连续两年在教师总结/年终评价表中的一个或多个标准中被评定为"合格"；

B. 不建议解雇、降职或解约。

定向成长计划至少应该帮助教师明确有待改进的标准和要素、有待达成的目标和应该完成的活动，以期通过努力达到"熟练"等级，并列出时间轴，确保教师在一学年内，或是在当地教育局所规定的更短的时间内实现目标。

此时，校长在课堂观察和查阅文档资料的基础上，为教师确定成长目标，并和教师共同商议制订专业发展计划。校长和教师至少见面三次，评估专业发展计划的进展。

4.8.2 教师职级晋升的依据

在北卡罗来纳州的中小学教师评价体系中，明确了三种不同的教师职级，分别是初任教师（Beginning Teachers）、试用教师（Probationary Teachers）和终身教师（Career Status Teachers）。初任教师是指在北卡罗来纳州内持有 SP1 资格证书（Standard Professional 1 License），教龄在三年以内的教师；试用教师则是指在北卡罗来纳州内的学区中从教，且尚未取得"终身教师"资格的教师；对于那些获得终身教职的教师，即被称为终身教师。美国公立中小学的教师若想获得终身教职，必须完成大约 2~3 年试用期的工作才有希望。而一旦成为终身教师，就意味着具有公务雇员的身份。公务雇员，顾名思义，即指在身份上结合了公务员和雇员两种特征。说教师具备公务员特征，因为教师是由地方教育局或学区董事会任用，享有政府公务员的某些特权；说教师具有雇员特征，则是由于地方教育局或学区董事会仍然会和教师签订聘用合同，约定聘任期限，明确双方的权利和义务，两者之间形成一种合同关系①。终身教师受终身教职法及聘任合同的保护，同时还能得到教师工会的支持与保护。只要教学业绩令人满意，终身教师就能被续约。

北卡罗来纳州根据教师评价的结果，确定教师职级的晋升。初任教师如要申请 SP2 资格证书（Standard Professional 2 License），必须在北卡罗来纳州教师评价量规的所有标准中都取得"熟练"评价。试用教师如果要获得成为终身教师的推荐，也必须在北卡罗来纳州教师评价量规的所有标准中都取得"熟

---

① 张俊有. 美国公立学校终身教师解聘制度研究［J］. 教育理论与实践，2005（12）：47-50.

练"评价。

北卡罗来纳州的中小学教师评价体系,以促进教师的专业发展为终极目标。根据每一位教师评价等级的不同,确定差异化的专业发展计划,做到"因人而异""因材施教"。这样的安排,尊重每一位教师,为他们量身定制专业成长方案,针对他们各自的问题和不足,差异分析,对症下药。同样,在教师职级晋升的过程中,教师需要通过努力,达到相应的要求,实现职级的晋升。这也是一个促进教师不断进步与成长,实现可持续发展的过程。由此可见,北卡罗来纳州的中小学教师评价体系,弱化了甄别与奖惩的功能,强化了发展与激励的效用,彰显了发展性教师评价的特色。

4.8.3 教师效能的确定

根据《北卡罗来纳州专业教学标准》的要求,教师要对学生的学术成功做出贡献。教师的工作能够帮助学生取得可接受、可衡量的进步,基于既定的绩效预期,通过适当的数据来证明学生的学业成长。学生的学术成功主要根据学生的学业成长值来衡量,该成长值由全州教育工作者有效性增长模型计算得出。计算成长值的学生数据主要来源于课程末评估、期末评估、职业和技术教育后测试等。

根据学生的学业成长值,可以将教师分为以下三个等级:

·不满足预期成长:教师任教的学生成长值低于全州增长模型的预期。

·符合预期成长:教师任教的学生成长值与全州增长模型的预期一致。

·超越预期成长:教师任教的学生成长值超过全州增长模型

的预期。

根据美国联邦政府的要求,北卡罗来纳州在教师评价等级的基础上,参考学生的学业成长值,对教师的教学效能做出认定。教师效能主要分为三个层级:高效教师、有效教师和有待改进的教师。

· 被确认为高效教师,需要在教师评价量规的全部 5 项标准中都获得至少"优秀(Accomplished)"等级,同时所任教学生的成长值超越全州增长模型的预期。

· 被确认为有效教师,需要在教师评价量规的全部 5 项标准中都获得至少"熟练(Proficient)"等级,同时所任教学生的成长值与全州增长模型的预期一致。

· 被确认为有待改进的教师,未能在教师评价量规的全部 5 项标准中都获得至少"熟练(Proficient)"等级,或是其所任教学生的成长值低于全州增长模型的预期。

4.9 特征与启示

4.9.1 典型性特征

Marzano 提出教师评价有两个目的,即评估教师和发展教师[1]。Nevo 认为,教师能从评价活动中受益良多,包括展示和开发能力;为取得专业资质做好准备;更好地收集和组织评价信息;赢得一份教学工作;改善自身的教学业绩;对学区、学校和学生家长负责;有利于和学区就更好的评价协议进行谈判;成为

---

[1] Robert J. Marzano. The Two Purposes of Teacher Evaluation [J]. Educational Leadership,2012(12) :14-19.

被国家认可的杰出教师①。Davis 等认为，教师评价是组织学习和学校发展的催化剂②。科学合理地开展教师评价工作，不仅可以促进教师的专业成长，也可以促进学校教育质量的提升，是实现立德树人根本任务的重要保证。

北卡罗来纳州从早期的《北卡罗来纳州教师绩效考核体系》，到 2009 年启用的《北卡罗来纳州教师评价过程》，是美国中小学教师评价体系改革的先行者，其致力于提高教师专业发展水平的政策在全美受到了充分肯定。该州的教师评价体系特色鲜明，可操作性强。具体来说，主要表现在以下五个方面：

1. 评价方法多样

就评价的形式而言，在北卡罗来纳州的中小学教师评价体系中，除了校长和其他管理者主导的评价外，还有同行之间开展的相互评价和教师的自我评价。就评价的功能而言，既有诊断性评价，即在完成一次课堂观察后，找出教师的不足，提出改进的建议；也有形成性评价和终结性评价，即在完成若干次课堂观察的基础上，召开总结性评价会议，根据教师在一学年中的整体表现，评定等级。就评价的工具而言，不仅包括观察量表和专业成长计划，还会参考教学设计、教学计划、教学日志、课程整合、学生作业、家校联系、关心学校发展等方面的作品展示。

2. 评价主体多元

以往的教师评价，以校长和专家评定为主，教师只是被动接受；而北卡罗来纳州的中小学教师评价体系引入了多元评价主

① David Nevo. How can Teachers Benefit from Teacher Evaluation? [J]. Journal of Personnel Evaluation in Education,1994(8):109-117.

② Douglas R. Davis,Chad D. Ellett,Joyce Annunziata. Teacher Evaluation, Leadership and Learning Organizations[J]. Journal of Personnel Evaluation in Education, 2002(4): 287-301.

体。校长和其他学校管理者通过召开观察前会议、实施课堂观察、召开观察后会议，开展对教师的评价。同时，教师本身也积极参与整个评价过程。教师不仅需要根据评价量规，对自己的教学进行系统评价，还有机会在观察前和观察后会议中充分表达自己的教育理念，回答校长和同行的提问和质询。可以说教师和校长、同行都是以平等的身份参与整个评价过程，彼此之间互动积极，实现了评价活动的透明和民主，确保了评价结果的全面和客观，成效明显。

3. 评价过程完整

北卡罗来纳州的中小学教师评价体系，框架完整，程序科学，职责明晰。在评价开始前，所有教师、校长和同行评议人员都要参加培训。在随后举行的入门指导环节，校长会为教师提供评价政策文件和评价量规，并明确完成评价工作的时间表。通过培训和入门指导，所有参与评价的人员对评价的目的、程序、等级、量规和政策都有了全面深入的感性认识，能够更好地适应和参与评价活动。在评价过程中，校长要组织多次正式与非正式的课堂观察，在和教师充分沟通的基础上，召开总结性评价会议，根据过程性数据资料对教师做出全面、客观、公正的评价。

4. 评价标准科学

北卡罗来纳州的中小学教师评价体系，是在美国 21 世纪技能联盟提出的"21 世纪学习框架"和北卡罗来纳州教育委员会颁布的《北卡罗来纳州专业教学标准》，以及《改革教学的里程碑》的基础上制定实施的。该评价体系主要包括 5 条标准，每个标准下设若干要素，每一要素又有具体的表现和观测点描述。从教育教学到专业成长，从个人的教学研究到与同事的合作、与家庭和社区的联动，这 5 条标准、25 条要素基本涵盖了教师工作的主要方面。评价量规不仅科学详尽，同时又兼具观测性和操作性。编制科学规范的评价标准，既有利于教师对照条目，及时调整和改进教学，也有利于校长和同行评议人员对教师做出全面系统、客观公正的评价。

5. 关注教师专业成长

北卡罗来纳州的中小学教师评价体系致力于促进教师的专业成长，帮助他们在教学上取得成功，获得突破。该体系创造性地提出了个人成长计划、视导成长计划、定向成长计划三种不同的专业发展计划，满足不同层次水平教师的发展需求，量身定制最具针对性的发展规划。校长、导师和同行注重过程指导，会全程提供策略与支持，阶段性地检查评估专业成长的进展，从而帮助他们有效地调整计划和改进教学。

4.9.2　启示与思考

华东师范大学的王斌华教授是国内最早研究发展性教师评价的学者，他总结了发展性教师评价具备的一系列重要特征，包括：学校领导者高度重视教师的发展规划；鼓励同事之间的相互评价；拓展交流的渠道；既欣赏教师的专业价值，又关注教师的伦理价值；激发教师的积极性和参与热情；注重评价的真实性与准确性等[①]。

北卡罗来纳州的中小学教师评价体系，以促进教师的专业成长为最终目标，重视教师的职业道德规范建设。校长、同行和教师本人共同参与，既调动了教师的积极性和参与意识，又扩大了评价证据的来源渠道，保证了评价的真实性和准确性。由此可

---

① 王斌华. 发展性教师评价制度［M］. 上海：华东师范大学出版社，1998：117.

见，北卡罗来纳州的中小学教师评价体系，彰显了王斌华教授提出的发展性教师评价的重要特征，具有积极的指导意义和参考价值。借鉴北卡罗来纳州的成功经验，在全面深化课程改革和考试招生制度改革的背景下，建立和完善我国的中小学教师评价体系，意义重大。

自改革开放以来，我国的基础教育发展迅猛，教师评价也逐渐受到重视。然而，我国尚未建立完整独立的教师评价体系。综合来看，教师评价工作主要借助于以下三种途径。

第一，是教师考核。原国家教委于1983年颁布实施了《关于中、小学教师队伍调整整顿和加强管理的意见》（以下简称《意见》），开始了对我国中小学教师的考核工作。《意见》要求县级教育行政部门，从思想政治表现与工作态度、文化程度、业务能力与教学效果等三个方面，对教师进行考核，考核结果将作为职称评定和工资晋升的主要依据。

多年来，教育行政部门和中小学校对教师的年度（学年）考核坚持开展，同时，考核的内容和形式也不断丰富。很多学校都引入了学生评价，开展"学评教"工作。例如，笔者工作过的湖州中学、湖州二中和湖州一中，都会在每学期末开展学评教工作。每位学生都会根据自身的经历和感受，对班主任和任课教师进行评价，从教学态度、教学方法、教学效果、课外辅导、作业批改和现代教育技术运用等方面，给教师评定等级，作为教师考核的重要参考。

第二，是教师职务制度。1986年，原国家教委颁布了《中学教师职务试行条例》和《小学教师职务试行条例》，分别确定了中小学教师职务的不同类别，规定了不同教师职务的职责和评聘办法。多年来，广大中小学教师分别根据这两个教师职务条例的要求，在政治思想、业务水平、教学能力、工作业绩和履行职责等方面不断努力，积极申报，自身水平和教育能力都得到了快速提升。

为了适应教育改革发展的需要，自 2009 年起，我国启动了中小学教师职称制度改革试点。2015 年 9 月，《关于深化中小学教师职称制度改革的指导意见》（以下简称《指导意见》）正式颁布实施，标志着中小学教师职称制度改革在全国范围内全面推开。《指导意见》明确指出：将原来单独设置的中学教师职务和小学教师职务系列统一合并。新的教师职称从低到高，分别是三级教师、二级教师、一级教师、高级教师和正高级教师五个等级，对应职称的员级、助理级、中级、副高级和正高级。全国各省市教育行政部门先后制定出台了与之相配套的评价标准和办法。改革中小学教师职称制度，让中小学教师也能当上教授，打破教师职务过去只有副高级的天花板，有效激发了教师的积极性，增强了教师不断加快专业发展的动力，也有利于吸引更多高素质人才充实到中小学教师队伍中来。

第三，是教师资格制度。我国的《教师法》第十条规定："国家实行教师资格制度。"《教师法》同时对教师资格的标准、条件、申请、考试、认定等方面做了明确规定。1995 年，国务院颁发《教师资格条例》，正式确立了教师资格制度。

纵观上述三种教师评价的方式，还存在一些问题，如评价主体以校长和教育行政部门为主，教师参与不多；教师评价对教师的专业成长缺乏关注；仍以"提高教学效能"为评价目的，片面强调学生的考试成绩；等等。

通过对美国北卡罗来纳州中小学教师评价体系开展全面、系统和深入的研究，我们总结归纳一系列具有积极意义的典型性特征，对我国中小学教师评价体系的建立和完善具有重要的参考价值和借鉴意义。

1. 注重过程性和参与性

国内的教师考核，往往是在年底时填个表、打个分、开个考评会，便完事了。而教师职务晋升、职称评审，也通常是在申报评审当年，教师才需要准备材料，随后参加考试和说课。教师只是被动的参与者，只需要提供相关材料，没有表达观点和意见的权利与机会。整个教师评价，偏重视结果而忽略了过程。

北卡罗来纳州的教师评价，从一开始的培训和入职情况说明，帮助教师充分了解评价政策、程序和时间表；到课堂观察前和观察后会议，教师可以全程参与，充分表达观点，与校长及其他评价人员充分沟通，积极互动；再到年终评价会议，教师都可以主动参与、展示成果、接受质询、提出意见。

如果只关注评价结果，并将评价视为教师聘任、奖惩和工资晋升的依据，对实现教师的可持续发展、促进教育的改革与发展会有不利影响。在构建我国的中小学教师评价体系时，可以借鉴北卡罗来纳州发展性教师评价体系的经验，关注评价的整个过程，环环相扣，步步为营。要增强教师的参与度和民主性，通过促进教师自评、同行互评、校长和学生评价的有机结合，真正实现加快教师专业成长，提高学生学业表现，促进学校发展的目的。

2. 建立科学、可操作的评价指标

在美国 21 世纪技能联盟提出的"21 世纪学习框架"和《北卡罗来纳州专业教学标准》，以及《改善教学的里程碑》的基础上，北卡罗来纳州教育委员会于 2008 年 8 月通过了全新的中小学教师评价体系——《北卡罗来纳州教师评价过程》，并于 2009

年起正式实施。该州的教师评价体系，既有国家层面的教育宏观理念指导，又紧贴地方层面的本州的教育改革实际，紧跟本州的课程和教学标准，非常接地气。评价量规中的指标内容详尽，描述科学，操作简便。指标体系不仅关注教师的认知因素，也重视教师的非智力因素；不仅考察教师的教学基本功，也衡量教师的团队协作与专业发展。

因此，在建立我国的教师评价体系时，也可以学习借鉴北卡罗来纳州的经验。一方面，要以国家层面的教育理念为引领，紧紧围绕"中国学生发展核心素养"和"新课程标准"的要求。2016年9月发布的《中国学生发展核心素养》可以为评价指标的确定提供依据。《中国学生发展核心素养》包含文化基础、自主发展、社会参与三个方面，综合表现为科学精神、人文底蕴、学会学习、责任担当、实践创新、健康生活等六大素养，具体细化为理性思维、批判质疑、勇于探索、乐学善学、勤于反思、信息意识、珍爱生命、健全人格、自我管理、社会责任、国家认同、国际理解、劳动意识、问题解决、技术运用、人文积淀、人文情怀、审美情趣等18个基本要点[①]。另一方面，也要充分结合教育的实际情况。以浙江省为例，要紧抓全面深化课程改革和国家考试招生制度改革试点的契机，因地制宜地制定教师评价体系。可以从教师的领导力、专业知识、教学水平、课改实践、关爱学生、反思能力、家校联动等方面，制定详尽、科学、可操作的评价指标，便于在过程中量化评估。

3. 以教师专业发展为核心

教师评价的最终目的应该是促进教师的专业成长与身心成

---

① 核心素养研究课题组. 中国学生发展核心素养［J］. 中国教育学刊, 2016（10）: 1-3.

长。教师不仅要传授知识与技能，而且要作为反思实践者，有强烈的自我专业发展意识，自觉采取相应的促进自我发展的手段和措施，定期对自己教学行为的有效性和质量进行分析评价和强化反思，同时还致力于促进自己同事的成长、学校的发展①。

我国目前的教师评价，往往关注"提高教学效能"，而忽视教师自我发展的需要。北卡罗来纳州根据教师不同的能力水平和发展层次，将教师的专业发展分为即个人成长计划、视导成长计划、定向成长计划三类，有针对性地进行指导和培养。这一做法，兼顾了不同层次阶段、不同能力水平教师的不同需求，值得学习借鉴。

令人欣喜的是，我国的一些省市已经对教师的专业发展日益重视，并做出了有益的探索和实践。例如，浙江省于 2016 年 9 月起实施《中小学教师专业发展培训学分制管理办法（试行）》，根据幼儿园教师、小学教师、中学教师、特殊教育学校教师和中等职业学校教师五个不同类别，从专业理念与师德、专业知识、专业能力三个维度，分初级、中级、高级三个不同层次，针对性地开展教师培训工作；还明确规定新参加工作的教师，在试用期内必须完成不少于 180 学分的新任教师培训，其中参加实践培训不少于 80 学分②。

同时，浙江省还针对"校长"职务的特殊性，开展专门培训，于 2016 年 8 月研究制定了《中小学校长分层培训学分结构指南》，根据校长的任职年限，按照初级（任校长 1—3 年）、中级（任校长 4—8 年）、高级（任校长 8 年以上）三个层次，开

---

① 李凤荣，杨秀平，刘晓坤. 美国外语教师教育标准对中国大学英语教学的启示 [J]. 长春工程学院学报（社会科学版），2011（2）：137-140.
② 浙江省教育厅. 关于印发《中小学教师专业发展培训学分制管理办法（试行）》的通知 [EB/OL]. http：//www.zjedu.gov.cn/news/146664830556039914.html.

展针对性的培训。其中，新任校（园）长必须完成不少于 300 学
分的上岗资格培训，其中集中培训应不少于 90 学分①。

教师的专业发展是一个循序渐进的过程，不同学科的教师在
不同职业阶段也需要不同的专业发展内容。以外语学科为例，美
国的外语教师专业标准从职前准备、入职和在职发展三个阶段，
确定了不同的内容，见表 4-12②。

表 4-12　美国外语教师的专业发展

阶段	内　　容
准备阶段	语言、语言学和比较；文化、文学和跨学科概念；语言习得理论和教学实践；标准与课程和教学的整合；对语言和文化的评价；专业化的实施
入职阶段	学科内容知识；学生发展；学生的多样性；教学策略；学习环境；交流手段；教学计划；评价策略；反思性实践与专业发展；学习社区
发展阶段	了解学生；公平对待；了解目标语言；了解目标文化；了解外语习得理论；提倡学生使用多种学习渠道；了解课程与教学；创造学习环境；开发教学资源；评价；反思专业成长；加强学校、家庭和社区之间的联系；专业发展社区；提倡外语教育

当然，教师专业发展的途径，不仅仅局限于参加各类培训进
修，还包括开展教学科研，参加教研活动和业务竞赛，开设公开
课等。要鼓励教师制定发展规划，整合资源，发挥优势，积极参
加各类活动，从而促进自身专业水平的不断提升。

---

① 浙江省教育厅办公室. 关于印发《中小学校长分层培训学分结构指南》《特殊教育教师分层培训学分结构指南》《中等职业学校教师分层培训学分结构指南》的通知［EB/OL］. http://www.zjedu.gov.cn/news/147219361548316122.html.

② 张治国，毛立群. 美国外语教师专业标准综述及其对我国的启示［J］. 外国中小学教育，2011（8）：51-58.

5 美国北卡罗来纳州教师职业道德规范

中小学教师职业道德规范，是对中小学教师职业的特殊道德要求，是中小学教师从事教育教学活动时应予遵循的行为规范和必备的品德，是对教师应以怎样的思想、感情、态度和操守去做好本职工作所做的道义性规定①。深刻理解和模范遵守教师职业道德规范，对广大中小学教师树立崇高的职业理想、自觉规范教育行为和专业操守，具有重要的现实意义。

北卡罗来纳州高度重视校长和教师的师德建设，考虑到校长和教师共同的教育工作者身份，州教育委员会制定并实施了适用于校长和教师的《北卡罗来纳州教师道德规范》（*Code of Ethics for North Carolina Educators*）和《北卡罗来纳州教师专业实践和行为准则》（*Code of Professional Practice and Conduct for North Carolina Educators*），并全文收录在《北卡罗来纳州学校主管：校长和副校长评价过程》和《北卡罗来纳州教师评价过程》政策文本的附录中，供全州中小学校长和教师学习和遵守。

---

① 劳凯声. 教师职业道德规范的性质与意义 [J]. 辽宁教育，2014（4）：17-18.

5.1 州级层面的宏观规定

5.1.1 文本解读

教师职业道德是指教师进行教育教学工作，处理各种关系、问题时应遵循的道德准则和行为规范，包括教师的道德品质、思想信念、对教育事业的态度和情感、有关的行为规范等①。北卡罗来纳州的中小学校长和教师评价体系尤其重视教师的师德建设，在校长和教师评价政策文件的附录中，全文收录了州教育委员会颁布的《北卡罗来纳州教师道德规范》（1997 年 6 月 1 日生效）和《北卡罗来纳州教师专业实践和行为准则》（1998 年 4 月 1 日生效）。北卡罗来纳州通过这两个具备法律效力的文件，从州级层面对教师的职业道德规范做出了宏观规定，提出了高标准要求。

《北卡罗来纳州教师道德规范》主要包括序文、对学生的责任、对学校和教育系统的责任、对本职业的责任等四个部分，共 14 项条款。序文部分说明了制定教师道德规范的目的是明确职业行为的标准，同时也阐述了美国的师德理想："承认每个人的尊严和价值，追寻真理，力求卓越，培养民主信念。"这是对教师职业的最高要求，为广大教师指明了努力的方向。随后的三个部分明确了教师的行为准则。在对待学生方面，教师应该公正平等地对待和评价所有学生，尊重学生的隐私，保护他们免受伤害，处理好和学生的关系，努力帮助他们挖掘潜能，健康成长。在对待学校和教育系统方面，教师应该努力营造良好的学习环

---

① 顾明远. 教育大辞典［M］. 上海：上海教育出版社，1990：8.

境，履行合同约定的权利和义务，依法依规开展工作，尊重学生、家长及法定监护人、同事的观点，并与他们积极合作。在对待本职业方面，教师应当不遗余力地提升自己的专业水平，采取行动来纠正违反教师道德规范的行为。

《北卡罗来纳州教师专业实践和行为准则》包含即教师专业行为规则的针对性和适用性、北卡罗来纳州教师专业行为标准两个部分，共11项条款。制定教师专业实践和行为准则的目的在于为北卡罗来纳州内持证的职业教师建立起统一的专业行为标准，任何有意的违反都将受到证书被吊销或撤销的处罚。其中的教师专业行为标准主要涉个人行为，包括个人操守、诚信、适度获利的行为等；对待学生、家长或法定监护人、同事的行为，包括尊重及平等对待、保守机密信息、不侵犯宪法与公民权利、避免实施虐待或性剥削行为等；遵守法律法规及伦理道德的行为。

《北卡罗来纳州教师道德规范》与《北卡罗来纳州教师专业实践和行为准则》，从结构上看，两者都包括序文和具体的行为准则；从内容上看，两者都是从社会对教师职业的期待和教师工作的人际关系两个维度出发，对教师与学生、家长、同事、学校和本职业的关系做出具体的规定，体现了教师职业的专业性和社会性；从任务上看，两者都以禁令的形式清晰明确地提出教师职业的最低标准，都是对教师职业在法律和道德底线上做出的规定。

5.1.2 特色分析

北卡罗来纳州州级层面的教师道德规范，主要有两个鲜明的特点：

第一，是实用主义和行为主义的特色。美国人一直以来都相信"什么样的品质决定了什么样的行为"①。因此，教师道德规范也主要表现为具体的外显行为准则，内容简单易懂，可操作性强。教师道德规范条款不多，主要涉及教师对学生、学校、教育系统和本职业的责任。表达上主要采用限制性语言，如"不得、不准、不应"等限制性规定，鲜有理想主义的内容，与我国所要求的树立师德楷模、师德标兵的理想主义和完美主义境界形成鲜明对比。

第二，是以法律为准绳的特色。教师道德规范中各种行为准则的形成都是在法律的框架下进行的，许多条目都明确写明是基于美国宪法及其修正案、美国联邦法律条例、北卡罗来纳州律例的相关规定。教师道德规范与国家、地方的法律相结合，形成完整的体系，从法律制度的角度约束教师各方面的行为，规范着教师这样一个特殊的职业。

5.2 学区层面的微观规定

5.2.1 文本解读

北卡罗来纳州内的各个学区，在国家宪法和法律基础上，基于州教育委员会颁布的《北卡罗来纳州教师道德规范》和《北卡罗来纳州教师专业实践和行为准则》，结合各自实际，以地区立法的形式，对教师职业道德规范进一步细化，做出了一系列操作层面的微观规定。

---

① 岳强. 从美国教师职业道德规范中得到的几点启示［J］. 现代交际，2011（11）：6-7.

在此，笔者以曾经工作过的 Cabarrus County 学区为例加以详细分析说明。Cabarrus County 学区对教师的着装、仪表、休假和职场交往等做出了明确具体的规定，同时就严格禁止校园欺凌、歧视和骚扰，为确保校园无毒品和无酒精等制定了相关法规政策，从微观的角度，进一步拓展了教师职业道德规范的内涵与外延。

1.《职场关系准则》

Cabarrus County 学区教育委员会于 2004 年 11 月 18 日颁布了《职场关系准则》（*Workplace Relations*）（政策代码：7239），明确指出为了维护工作场所的礼仪和专业精神，避免出现不当行为或利益偏袒的情况，不鼓励学区教育委员会成员之间的约会或恋爱，特别是发生在主管与其监管对象之间。严禁教育委员会成员在学区办公场所或在学校办公期间调情和暧昧，被禁止的行为包括但不限于牵手、亲吻、拥抱、使用亲昵的个人用语、非工作原因的独处、通过电话、电子设备或邮件发送调情信息和评论。

该政策还要求所有担任监管职位的委员会成员，如果已经开始或以其他方式与其监管对象建立了恋爱关系，必须在 48 小时内向学区总监报告，他们的职务将进行必要的调整。严禁与学生发生任何形式的约会或恋爱关系。任何违反该政策的人员都将受到纪律处分，直至终止合同。

2.《员工着装及仪表政策》

Cabarrus County 学区教育委员会于 2004 年 11 月 18 日颁布了《员工着装及仪表政策》（*Employee Dress and Appearance*）（政策代码：7340），并于 2006 年 9 月 11 日、2010 年 3 月 8 日和 2021 年 7 月 13 日多次修订完善，对学区内教职员工的着装和仪容仪表提出规范要求。

该政策指出，教职员工的行为和仪表，对于在社区建立积极的教育形象和为学生树立良好榜样至关重要，学区要求教职员工穿着专业、整洁和得体的服装。校长和部门主管应在个人仪表和良好举止方面树立榜样，并鼓励教职员工按照学区教育委员会的要求着装。部门主管将初步确定教职员工的着装或仪容仪表是否得当，在做出这一判断时，应主要考虑以下因素：工作的性质；着装是否符合职业环境；健康和安全；与公众接触的性质及所共事外部各方的期望；员工与学生的互动；从事类似工作的其他人的普遍做法；其他恰当的着装或仪表准则。教职员工的着装要求也应该尊重不同的宗教信仰、文化背景和健康原因，在开展体育教育、职业教育、研学和劳动实践教育时，允许教师穿着相对宽松的服装。对于从事学校餐饮服务、工厂运营、保洁服务和校车驾驶的工作人员，需要穿着特定的制服。

该政策还给出了不当着装的典型范例：在鼻子、舌头、脸颊、嘴唇或眉毛上贴有珠宝饰品；穿着挑逗、暴露、不雅、粗俗或淫秽的衣服（短裤不得高于膝盖以上 3 英寸，裙子和连衣裙不得高于膝盖上方 3 英寸，低领口、裸露中腰和过于紧身的衣服不适合教育系统员工穿着）；印有宣传酒精饮料、烟草或管控药品文字和符号的服装或文身；含有脏话或裸体、描绘暴力的衣服或文身，或是用文字或符号表达性欲；穿拖鞋；内衣外穿或穿着透明服饰；在学校建筑内戴帽子、防汗带、大方巾或太阳镜；任何破坏学校环境或学习活动，或对学生和教职员工的安全与健康构成威胁的衣物和珠宝。任何违反着装和仪表政策的人员都将受到纪律处分，直至被解雇。

3.《家庭和医疗休假法》

根据 1993 年颁布的《联邦家庭和医疗休假法》（*Federal*

Family and Medical Leave Act）的有关规定，Cabarrus County 学区教育委员会于 2004 年 11 月 18 日制定实施了《家庭和医疗休假法》（*Family and Medical Leave*）（政策代码：7520），并于 2007 年 6 月 4 日、2010 年 4 月 19 日和 2011 年 2 月 14 日三次修订完善，对学区内教职员工的休假行为提出规范要求。

该政策规定，任何在学区内中小学校工作至少 12 个月，且最近 12 个月至少工作了 1 250 小时的教职员工，都有资格申请享受总共 12 个工作周的无薪假期。休假不需要连续休完，但在一年内不能超过 12 周。该政策明确了允许申请休假的原因，主要包括：员工子女的出生和周岁前的照顾；收养或寄养孩子；有严重的健康状况导致员工无法正常工作；照顾有严重健康状况的直系亲属，如孩子或父母。教职员工不论男女，都有资格申请育儿假。

该政策为军人家庭假提供特殊保护。符合条件的教职员工可以因配偶、子女或父母的海外军事部署而导致的任何"合格紧急情况"申请休假 12 周。符合条件的"紧急情况"包括为参与军事部署的军人子女做的替代托儿安排，参加军事仪式或简报会，或者为军人缺席而做的财务或法律安排。该政策还为军队看护提供保护。符合条件的教职员工可以申请长达 26 周的休假来照顾有严重伤害或疾病的军人，但军人必须是其配偶或直系亲属。

该政策就申请休假的程序做出了明确规定。想要申请休假的教职员工需要向学校提供足够的信息来确定是否符合休假要求，同时，应提前 30 天向学校提出申请。对于因突发情况而临时请假的，教职员工也应尽快提交申请通知和医疗证明等材料。接到教职员工的休假申请后，学校也应尽快审核并通报员工他们的资格状态。

家庭和医疗休假是每位教职员工的合法权益，依法受到保护。该政策明确表示在休假期间，员工继续享受学区系统的健康保险计划。休假结束后，教职员工应正常回到原工作岗位工作。严禁学校和主管干涉或否定员工的休假权利，具体禁止的行为包括：当教职员工符合法律资格时拒绝授权休假；阻止教职员工休假；改变教职员工的工作时间致使他们无法休假；将假期计为缺席考勤的政策；将休假请求或休假本身作为招聘、晋升或加薪中的消极因素。

4.《工作场所禁毒和禁酒政策》

鉴于酒精或管控药品可能会造成一系列不良影响，包括制造不安全的环境；导致绩效不理想，并对他人的绩效产生不利影响；诋毁学区，并造成学区所服务的学生、家长和其他公民对学校系统的不尊重与不信任，Cabarrus County 学区教育委员会于 1995 年 1 月 9 日颁布了《工作场所禁毒和禁酒政策》（*Drug-free and Alcohol-free Workplace*）（政策代码：7240），并在之后根据酒精和管控药品的不断更新，进行了多达 11 次的修订完善。

该政策中明确定义的毒品和酒精包括：

① 任何酒精饮料或任何麻醉药品、致幻药、安非他命、巴比妥酸盐、大麻、合成代谢类固醇、假冒药物，或《美国管控药品法案》第 202 章附表一至五和《美国法典》第 21 编第 812 节中所定义的任何其他管控药品，以及《美国联邦法规》第 21 编第 1308.11 至 1308.15 节中进一步阐释的管控药品。

② 非法获得或用于非医学授权的目的，或申请人和雇员没有有效现行处方的任何处方药或管控药品。

③ 用于非医疗目的时可能影响或改变身体机能、判断或知觉的其他非法使用的药物，不论是否列入管控药物名录。

学区教育委员会严禁非法制造、分销、配置、持有和使用任何非法药物；严禁教职员工在职责范围内、在学校赞助的活动中或在学校系统内饮酒或受到酒精影响；严禁任何人在操作学校公车时使用处方药或合法非处方药，或在受雇于学区教育委员会的过程和范围内的任何时间使用处方药或合法非处方药，只要此类用药对操作车辆或对其工作表现有直接的和不利的影响。安全敏感岗位的教职员工只能服用由了解员工工作性质的医生开具的处方药，如果员工正在服用任何带有警告标签的药物，表明可能引起身体损伤和疲乏等副作用时，必须向学校主管发出书面通知。

该政策明确了受药品和酒精影响的标准，对于任何教职员工而言，吸毒或饮酒是指使用了非法药物，或是酒精检测呈阳性，即当酒精测试显示血液中酒精含量高于 0.02，就会被视为"酒精测试阳性"。为了确保学区内所有师生不受毒品和酒精的侵害，该政策要求学校校长制订一项"禁毒宣传计划"，告知师生员工滥用毒品的危害和违反规定可能面临的处罚，宣传培训学区教育委员会的禁毒政策，为教职员工提供酒精或药物咨询、康复治疗和援助计划。

5. 《禁止歧视、骚扰和欺凌政策》

根据《美国法典》《美国联邦法规》和《北卡罗来纳州教育委员会政策》等有关规定，Cabarrus County 学区教育委员会于 1999 年 9 月 24 日制定实施了《禁止歧视、骚扰和欺凌政策》（*Prohibition Against Discrimination, Harassment and Bullying*）（政策代码：1710/4021/7230），并在之后进行了多达 11 次的修订完善，严禁包括基于种族、肤色、国籍、性别、怀孕、宗教、年龄、外貌或残疾的各种歧视、骚扰或欺凌。

该政策明确界定了"歧视""骚扰"和"欺凌"的概念：

① 歧视是指仅根据他人是否属于社会上不同的群体或类别，如种族、民族、性别、宗教、年龄、外貌或残疾，而不合理地、不利地区别对待他人的任何行为。歧视可以是有意的，也可以是无意的。

② 骚扰可以是一种非法歧视，是一种非意愿的、不受欢迎和不请自来的行为，它贬低、威胁或冒犯受害者，给受害者制造了一个恐吓和敌意的环境。敌对环境可以通过普遍或持续的不当行为或足够严重的单一事件造成。骚扰行为可能包括但不限于：绰号、贬低性的评论或诋毁、非分的要求、妨碍或阻止他人行动、攻击性触摸或任何对正常工作和行动的身体干扰及视觉侮辱，如贬损性的海报或漫画。合法的适龄教学技巧不被视为骚扰行为。骚扰可能发生在同学或同事之间、主管和下属之间、员工和学生之间，或非雇员（包括访客）对员工和学生施加的骚扰不同层面。

③ 欺凌是骚扰的一种形式，是指通过身体、口头、书面或电子传输手段，或通过攻击个人或同龄人群体的合法权益，以实际或威胁实施身体或情感虐待的方式，对他人进行反复恐吓。欺凌可能包括但不限于口头嘲弄、辱骂和贬低、勒索钱财、暗示或明示的威胁，以及被同龄人排斥。

该政策规定，所有与学区有业务往来或为学区提供服务的个人、机构、供应商、承包商及其他个人和组织必须遵守所有适用的联邦和州法律法规中关于非歧视的规定。访客也要遵守适用的法律，包括禁止骚扰和欺凌学生或员工。

该政策明确了适用范围：上学前、上学时和放学后；在校园内；作为学校活动的一部分，在校车或其他车辆上；在公共汽车站等候时；在任何学校赞助的活动或课外活动中；当接受学校工作人员管辖时；任何时间或地点，只要该行为对维持学校秩序及纪律有直接和即时的影响。学区将组织教职员工培训，帮助他们学会识别可能成为歧视、骚扰或欺凌目标的群体；识别可能发生此类行为的地点，包括校舍内、校车站、互联网等；提供构成歧视、骚扰或欺凌行为的明确案例。

6.《歧视、骚扰和欺凌投诉程序》

为了更好地应对和处理各种有关歧视、骚扰和欺凌的投诉，2010 年 5 月 10 日，Cabarrus County 学区教育委员会制定实施了《歧视、骚扰和欺凌投诉程序》（*Discrimination, Harassment and Bullying Complaint Procedure*）（政策代码：1720/4015/7225），并在之后进行了 6 次修订完善。

该政策提出了投诉歧视、骚扰和欺凌行为的三种方式：

① 非正式投诉。许多相关投诉都可以通过会谈或调解等非正式方式处理，学区教育委员会也鼓励尽可能使用此类程序。如果启动非正式程序，校长或其指定人员必须告知投诉人，他（她）有权随时申请正式程序。当非正式程序失效或不适用时，或当投诉人要求启动正式程序时，将根据法定程序，对投诉展开及时、公正和彻底的调查。

② 员工或其他第三方报告。第一是学校员工的强制性报告。任何员工一旦亲眼看到或有可靠信息和理由相信有人可能遭受到《禁止歧视、骚扰和欺凌政策》中所定义的违法行为的，都必须在 24 小时内向学区和学校报告，未及时报告的员工将会受到纪律处分。第二是其他第三方报告。学校社区的所有成员，包括学生、家长、志愿者和访客，如果他们目睹或有可靠信息表明他人遭受了非法歧视、骚扰和欺凌，都被鼓励向学区和学校报告。第三是匿名报告。可以匿名举报非法歧视、骚扰和欺凌行为，但这

类举报不足以作为正式纪律处分的依据。

③ 由受害者提出的投诉。员工向其直属主管投诉，学生向学校投诉。投诉可以通过口头或书面形式向校长、副校长、部门主管、教师、辅导员、学区人力资源执行主任、学区总监、第九章（代指《美国教育法第九篇修正案》，保障女性迈向教育机会均等的权力）协调员、第504节（代指《美国康复法案》）或ADA（*Americans with Disabilities Act*，代指《美国残疾人法案》）协调员投诉。

考虑到时效性，投诉应尽快提交，不得迟于相关违法事实披露或发现后的30天。30天后提交的投诉仍会被调查，但是，延迟报告可能会严重损害学校官员调查和回应此类投诉的能力。对于30天后提交的投诉，调查人员将考虑延误的原因、程度，以及对学区调查和回应能力的影响等因素。

该政策同时明确了处理歧视、骚扰和欺凌投诉的程序：

① 启动调查。收到投诉后，工作人员必须在24小时内通知调查员，回应并着手调查。

② 展开调查。调查员应公正、及时和彻底地展开调查，通过审查收集到的信息，并考虑指控事件发生的背景、投诉人与被指控行为人的年龄和成熟度及任何其他相关情况，确定所指控的行为是否构成违法。调查员应采访投诉人、被指控的行为人，以及可能掌握相关信息的个人，包括其他可能的受害者。信息只能与有需要的个人共享。投诉人提出的任何保密要求均应在学校系统法律责任的范围内进行评估，出于保密需要而被撤回的任何投诉都必须记录在案。

③ 调查报告。首先，调查员应向学区总监提交书面调查报告，如必要，还应向ADA协调员提交。其次，除非调查员已通

知投诉人需要额外时间进行公正、彻底的调查，否则调查员必须在收到投诉后 15 天内将调查结果通知投诉人。调查员应向投诉人说明问题是否得到证实，如果有的话，还应进一步说明：合理、及时、适龄的纠正措施，旨在结束歧视、骚扰或欺凌行为，防止其再次发生；根据需要，采取合理措施解决歧视、骚扰或欺凌对投诉人的影响；根据需要，采取合理措施保护投诉人不会受到报复。最后，如果投诉的问题得到证实，则应对被指控行为人进行纪律处分或采取相应的纠正措施。调查员将向每个被指控行为人提供一份调查结果的书面摘要，说明投诉的问题是否得到证实，被指控行为人是否违反了相关法律或学区教育委员会政策，如果有的话，将依法受到处罚。被指控行为人也有权提起上诉。

④ 对调查报告的上诉。如果投诉人对调查报告不满意，他（她）可以向学区总监提出上诉，上诉必须在收到调查报告后的 5 天内以书面形式提交。学区总监审查文件，开展任何必要的进一步调查以回应投诉。除非需要进一步调查，否则学区总监应在收到上诉后的 10 天内提供书面答复。如果投诉人对学区总监的答复仍不满意，他（她）可在收到学区总监答复后的 5 天内向学区教育委员会提出上诉。学区教育委员会将审查这些文件，如有必要，指示应展开进一步调查，以回应投诉。根据投诉人的请求，学区教育委员会也可以举行听证会。除非需要进一步调查，或听证会需要更多时间，否则委员会必须在收到上诉后的 30 天内提供书面答复。

该政策还对调查人员的确定做出了明确规定：

① 如果投诉事件是在校长的管辖范围内发生的，调查人员应是校长或其指定人员；如果被指控的行为人是学校员工，校长应与学区人力资源执行主任或其指定人员进行调查。

② 如果被指控的行为人是学校校长，那么学区人力资源执行主任或其指定人员就是相应的调查人员。

③ 如果投诉事件发生在校长的管辖范围之外，调查人员则是学区人力资源执行主任或其指定人员。

④ 如果被指控的行为人是学区人力资源执行主任，那么学区总监或其指定人员是调查人员。

⑤ 如果被指控的行为人是学区总监，则学区教育委员会律师应是调查人员。在这种情况下，接到歧视、骚扰或欺凌投诉的工作人员应立即报告人力资源执行主任，人力资源执行主任旋即报告学区教育委员会主席。教育委员会主席随即指示委员会律师回应投诉并展开调查。

⑥ 如果被指控的行为人是学区教育委员会委员，委员会律师也应是调查人员。在这种情况下，接到歧视、骚扰或欺凌投诉的工作人员应立即报告学区总监，学区总监随即指示委员会律师回应投诉并进行调查。除非委员会主席是被指控行为人，否则学区总监还应立即向委员会主席报告。

5.2.2 特色分析

除了上述举例分析的师德规范外，Cabarrus County 学区教育委员会还制定了更多详尽的法规政策，从操作层面进一步规范教师的职业道德和专业行为。纵览北卡罗来纳州各地方学区教育委员会制定的教师职业道德规范，有三个显著特点：

一是明确定义，便于更好地理解吸收。饮酒和吸毒，歧视、骚扰和欺凌等行为都是绝不允许发生在学校教育中的；但究竟哪些属于违禁酒精和毒品，哪些属于歧视、骚扰和欺凌行为，很多教师可能并不十分清楚。学区教育委员会在师德政策中，对酒精、管控药品、歧视、骚扰和欺凌行为等给出了详尽清晰的定义，帮助教师清楚知晓和彻底理解违禁物品、非法药物及歧视、骚扰和欺凌行为的内涵，从而在日常学校教学工作中懂得自觉予以抵制。

二是提供范例，便于更好地触类旁通。学区教育委员会在师德政策中，对哪些着装和仪表不符合规范，酒精和哪些药品不能使用，哪些行为属于骚扰和欺凌，哪些情况可以申请家庭和医疗休假，结合详细、具体和生动的范例予以解释说明，能够帮助教师通过比较和反思，扩大对破坏教师职业道德规范行为范畴的理解，从而自觉抵制类似违法违规行为的发生，努力培养自身高尚的职业道德和专业操守。

三是确定程序，便于更好地操作应对。在确定教师着装是否符合规范时，要遵循既定程序，充分尊重教师的宗教信仰、文化背景和健康状况；在申请休假时，要对照条件，提前申请，并提交相关证明材料；在接到歧视、骚扰和欺凌的投诉后，要严格按照启动调查、展开调查、提交报告和提出上诉等程序规范来执行；甚至对于在不同情况下如何确定调查人员都有明确的程序。学区教育委员会在师德政策中规定的这一系列操作程序，排除了任何人为因素的干扰，避免了应对突发事件时的无所适从，能够确保整个应对流程的科学高效与合理合法。这一做法，为学校和师生的具体操作和科学处置提供了便捷。

5.3　《北卡罗来纳州教师道德规范》

序文

制定教师道德规范的目的是明确职业行为的标准。这些标准的根本在于保证教学的责任和学习的自由，确保人人享有平等的机会。职业教师要承认每个人的尊严和价值，追寻真理，力求卓越，培养民主信念。教师要努力争取同事、学生、家长及法定监护人、社区的尊重和信任，并发挥榜样作用。教师应具有正义感，在教学过程中展现出对学生的责任心，规划专业成长，实践专业判断。

Ⅰ 对学生的责任

A. 在可控范围内，保护学生远离影响学习、有害健康和安全的情况。

B. 在所有场合，都和学生保持恰当的关系。不得鼓励、引诱或和学生发生恋爱甚至性关系；也不会出于个人喜好或愤怒，以不恰当的方式触碰学生。

C. 根据学生展现出来的能力，对他们进行评价和打分。

D. 公正平等地对待学生，不故意使学生处于尴尬或受贬低的处境中。

E. 不透露在教育教学工作中获取的有关学生的信息，除非完全用于职业目的，或出于法律要求。

F. 应拒绝接受那些可能会影响教师专业决策和行动的贵重礼物、恩赐或额外的报酬。

Ⅱ 对学校和教育系统的责任

A. 利用现有资源，营造有助于学习的课堂氛围，最大限度地促进学生的学习。

B. 在和学生、家长及法定监护人、同事合作确立教育目标时，尊重他们的不同观点。不会因为受到超越专业实践范畴的个人观点的影响而改变立场。

C. 签订诚信合同，不会毫无缘由地抛弃约定的专业职责。

D. 积极参与专业决策制定的过程，支持同事表达专业观点和判断。

E. 当行使行政权力时：

a. 在向同事、下属、学生、家长及法定监护人行使权利时，应做到公平、谨慎和始终如一。

b. 使用恰当的程序和已有的条例规定来评价教师的工作。

c. 保护他人在教育领域的权利，在行使法律保障的权利时，不报复、强迫或故意威胁他人。

d. 在就业、晋升或调动时，根据他们的专业资质、当地教育局的需求和政策，以及法律来推荐人选。

Ⅲ 对本职业的责任

A. 提供有关从业许可和就职的确切凭证和信息，不在知情的情况下协助他人提供虚假信息。

B. 采取行动来纠正已知的违反北卡罗来纳州教师道德规范的行为，促进对职业道德准则的理解。

C. 不断促进专业成长和发展，并运用相关知识来改进学生和同事的教育机会、经历和表现。

（北卡罗来纳州教育委员会 1997 年 6 月 1 日批准生效。）

5.4　《北卡罗来纳州教师专业实践和行为准则》

Ⅰ 教师专业行为规则的针对性和适用性

制定这些规则的目的就是要为全州范围内持证的职业教师建立并维护统一的专业行为标准，这些标准是每一位州教育委员会认定的教师都应该遵守的。任何有意违反都将受到证书被吊销或撤销的处罚。规则中对特定行为的禁止，不应该被解读为对一些没有特别提及行为的许可。

Ⅱ 北卡罗来纳州教师专业行为标准

职业教师应该遵守专业行为标准，任何故意违反和疏忽的行为都应该被禁止。

A. 公认的专业标准。教师应该遵守联邦、州、地方政府的专业标准。

B. 个人操守。教师应该向学生、家长和社区树立起积极的榜样。因为教师肩负着教育和照顾儿童和青少年的重任，他们在人格和行为方面应该有更高的要求。

C. 诚实。在履行专业职责时（如下所述），教师不应参与不诚实、欺骗、欺诈或虚假陈述等行为。

a. 专业资质的声明；

b. 就业和晋升的推荐，专业执照的申请；

c. 高校入学、奖学金、助学金、学术奖项及其他类似利益的申请或推荐；

d. 大学毕业或在职进修结业的陈述；

e. 学生或人事部门的评价或打分；

f. 向联邦、州或其他政府部门提交的财务或程序合规性报告；

g. 假设存在违反职业道德行为的事实，在接受当地教育局或州教育委员会官方调查时所提供的信息。当然，教师对指控享有充分的知情权，并可由律师代表。

h. 假设存在校园犯罪，在接受执法机构、儿童保护局或其他任何有调查权的机构调查时所提供的信息。当然，根据美国宪法第五修正案，当证据有可能用于指控教师时，教师有权拒绝提供证据。

D. 适度的获益行为。教师不能教唆学生和家长向其购买设备、用品和服务。教师不能从事有偿家教活动，除非得到当地学监的批准。教师在正常的工资和津贴外，不得接受任何报酬、好处或贵重物品。当然，教师由于工作需要，加班及完成当地教育局布置的额外工作，可以获得补贴。同时，出于感恩，学生和家长赠送的小礼物或价值不大的纪念品，教师是可以接受的。

E. 对待学生的行为。教师应尊重每一位学生。无论是否曾经是或仍然是自己的学生，教师都不能和学生一起，或向他们、或当着他们的面，实施虐待或性剥削行为，包括：

　　a. 使用任何亵渎、粗俗、有损人格的语言；

　　b. 任何性行为；

　　c. 任何书面、口头或身体上的性挑衅行为；

　　d. 任何法律定义的虐待儿童的行为；

　　e. 任何法律定义的性骚扰行为；

　　f. 任何故意教唆、引诱或实施和学生的恋爱或性关系，或任何与学生的性接触。"恋爱关系"应包括和学生约会。

F. 机密信息。教师应对在教育教学工作中获取的有关学生及其家庭的信息保密，除非出于学生和他人的安全需要，或出于法律和职业标准的要求。

G. 他人的权利。教师不应蓄意或恶意侵犯学生、家长（法定监护人）、同事的宪法和公民权利。

H. 需求报告。教师必须完成《北卡罗来纳州律例》第115C章中所要求的所有报告。

I. 酒精或控制药物的滥用。禁止教师：

　　a. 在校内或学校举办的活动中，没有医嘱授权，拥有、使用或消费《北卡罗来纳州律例90-95控制物质法》中所定义的控制药物。

　　b. 在校内或学校组织的学生活动中，拥有、使用或消费酒精饮料或控制药物。

    c. 向任何学生提供酒精或控制药物，除非是在行使管理合法处方药物的职责。

    d. 遵守刑法。教师不能做出任何违反《北卡罗来纳州律例》115C—332 所规定的行为，也不能触犯任何国家和州的法律。

    J. 公共资金和财产。教师禁止滥用公共资金和财产、学校相关组织基金、同僚基金。对从学生、同事、家长（法定监护人）处筹得的基金，教师应及时报账。教师不得提交虚假申请来获取报销、津贴或工资。

    K. 专业实践的范围。当教师的资格证书被暂时吊销或撤销时，根据州教育委员会的规则，以及《北卡罗来纳州律例》第115C 章的规定，教师不能上岗工作。

    L. 违反伦理的行为。当下属和持证人（同事）出于善意，向当地教育局、州教育委员会或其他任何被授权采取补救措施的公共机构报告、揭露、透露任何在公立学校系统内实际或怀疑的违反法律的事实和信息，教师不得直接或间接地使用、威胁使用官方职权或影响力来阻止、约束、妨碍、要挟或歧视他们。

    （北卡罗来纳州教育委员会 1998 年 4 月 1 日批准生效。）

5.5　思考与启示

    教师职业使命光荣，责任重大。教师的职业道德关系着青少年的健康成长，具有深刻的社会意义。在全面深化课程改革和考试招生制度改革的新形势下，进一步加强师德师风建设显得更为紧迫。浙江省在新近颁布的《中小学教师职称评价指导标准（试行）》中明确规定坚持以德为先的导向，不断强化对教师职业道德的考察，对查实有违反师德行为的教师，实行"一票否决制"①。

北卡罗来纳州的教师道德规范，是理想主义与行为主义的完美结合，是依法治教的典范。对于进一步加强教师职业道德规范建设，深入推进依法治教，北卡罗来纳州的经验给予我们以下四点启示：

1. 教师职业道德规范应回归现实生活

高尚的师德不仅需要崇高的理想来引导，也需要具体的规则来约束；不仅需要"高大上"，也需要"接地气"。教师，首先应该被视为一个人和一个公民，要履行基本的职责与义务，恪守基本的道德底线。教师首先应该遵守的是保障校园安全、维护教学秩序所必需的最起码的行为准则，如坚守公道正义、不泄露学生信息、妥善处理师生关系、规范礼仪和着装等。教师职业道德规范，从"理想"回归"本真"，从"崇高"走向"质朴"，更贴近实际，使教师职业更具感染力，更有利于营造良好的教书育人环境。

2. 教师职业道德规范应体现法律精神

我国的《中小学教师职业道德规范》② 对教师提出了较高的要求和期待。教师往往被视为道德正义的化身，有种被神化的感觉。然而，教师的职业道德规范，除了理想主义的追求，也需要坚实的法律基础。美国北卡罗来纳州教师职业道德规范的提出，是基于法律的准绳，在充分考虑教师职业特点的基础上，遵循美

---

① 浙江省人力资源和社会保障厅，浙江省教育厅. 关于印发《浙江省中小学教师职称评价指导标准（试行）》的通知［EB/OL］. http://www.zjedu.gov.cn/news/147684537836020898.html.

② 中华人民共和国教育部师范教育司编. 中小学教师职业道德规范学习手册［M］. 北京：高等教育出版社，2008.

国宪法、法律赋予公民的权利与义务来制定的。因此，我国的教师职业道德规范建设，应该充分体现法律精神，结合《中华人民共和国教育法》《中华人民共和国教师法》《教师资格条例》和《中华人民共和国未成年人保护法》等法律法规，细化教师的行为准则和职业规范，真正做到"依法执教"和"依法治教"。

3. 教师职业道德规范应兼顾专业实践

教师是专业技术人员，教师的成长要内外兼修，既要关注内心世界的修炼，也要强调外显行为的表现。"学高为师、身正为范"是基于对教师职业崇高性的认识而对教育工作者提出的道德要求和人格期待。然而，在学校教育实践中，教师又是以鲜活的行为人身份从事具体的育人工作。在教师和学校、同事、学生、家长和社区的各种交往中，提出一系列基本的要求和准则，明确底线和红线，引导教师关注自身的专业品质和行为操守，着力提升专业能力和水平。在制定教师职业道德规范时，兼顾理想和实践两个层级，分层、合理地提出规范要求，有助于教师在不脱离教育实践和学校生活的前提下，实现精神世界和专业实践的共同提升。

4. 教师职业道德规范应加强培养和监督

教师不是"完人"，不是天生就具备完美的个人品德和崇高的职业道德，需要在后天的实践中不断养成。北卡罗来纳州在职前培训中，加强对教师职业道德规范政策文件的学习，帮助教师深刻理解"学为人师，行为世范"的重要意义，养成在教育实践中遵守师德规范的自觉性。同时，也要建立教师职业道德规范的监督机制。在教师自评、同行互评、学校、学生和家长评价的基础上，发挥社会和媒体的监督功能，争取各级人大代表、政协委员等社会人士的积极参与，全方位、多角度监督教师依法从教、规范从教。

6 结语

2009 年，奥巴马政府启动"力争上游"计划，在全美掀起了一场教育改革浪潮。校长和教师评价作为保障学生学习的重要环节，成了此次教育改革的重要内容之一。北卡罗来纳州积极响应改革呼声，在提出了一系列"学生发展新目标""教育教学新观念"和"学校发展新要求"的基础上，制定并实施了全新的中小学校长评价体系《北卡罗来纳州学校主管：校长和副校长评价过程》和教师评价体系《北卡罗来纳州教师评价过程》。

北卡罗来纳州的中小学校长和教师评价体系重视培养教育工作者崇高的职业道德精神和良好的专业实践品质，以促进校长和教师的专业发展为最终目标，是一种着眼于未来的发展性评价。根据州学校管理人员标准和专业教学标准，编制了详尽的评价量规。学区总监、校长、同行和教师共同参与评价，通过自评、互评、课堂观察、作品展示等评价技术的运用，评出不同等级，并据此确定专业发展计划的类型和职级的晋升。北卡罗来纳州中小学校长和教师评价体系具有明确的目标、科学的程序、适切的指标、多样的方法，具有很强的民主性与透明度，特色明显，可操作性强，具有一定的借鉴意义。

中国特色社会主义进入新时代，要落实立德树人根本任务，培养德智体美全面发展的社会主义建设者和接班人，我国需要锻造一支高素质、专业化的中小学校长和教师队伍。要提高教育治理能力和水平，加快推进教育现代化，建设教育强国，拥有一支高质量的校长和教师队伍是关键所在。在打造新时期中小学校长和教师铁军的过程中，教育评价改革也是其中的重要环节。

教育评价改革牵一发而动全身。如何以评价改革推动教育高质量发展，党中央关心，群众关切，社会关注。2020 年，中共中央、国务院印发了《深化新时代教育评价改革总体方案》，强调要坚持立德树人，充分发挥教育评价的指挥棒作用，引导确立科学的育人目标，确保教育正确发展方向；要坚持问题导向，破立并举，推进教育评价关键领域改革取得实质性突破；要坚持科学有效，改进结果评价，强化过程评价，探索增值评价，健全综合评价，充分利用信息技术，提高教育评价的科学性、专业性、客观性；要坚持统筹兼顾，针对不同主体和不同学段、不同类型的教育特点，分类设计、稳步推进，增强改革的系统性、整体性、协同性；要坚持中国特色，扎根中国、融通中外，立足时代、面向未来，坚定不移走中国特色社会主义教育发展道路①。

在我国不断深化教育改革的背景下，深入学习贯彻《深化新时代教育评价改革总体方案》精神，结合对美国北卡罗来纳州中小学校长和教师评价体系有益经验的研究借鉴，最后再分享以下六点想法：

1. 确立正确的评价价值取向

要树立科学的教育发展观、人才成长观和选人用人观。评价

---

① 中共中央，国务院．深化新时代教育评价改革总体方案［EB/OL］．http://www.gov.cn/zhengce/2020-10/13/content_5551032.htm,2020.

的最终目标是指向人的发展，不仅学校和学生要实现可持续发展，学校要担当起培养民族复兴大任的时代新人的重任，学生要努力成长为社会主义事业的合格建设者和可靠接班人；校长和教师也要实现专业发展，校长要立志成为内外兼修的教育家型专业领导者，教师要以做有理想信念、有道德情操、有扎实学识、有仁爱之心的"四有好老师"为奋斗目标。确立发展性的校长和教师评价价值取向，有利于实现校长、教师、学生和学校的共同发展，有利于提升教育教学质量，有利于实现立德树人的根本任务。

2. 坚持高尚的教师道德标准

要始终把师德师风作为评价校长和教师队伍素质的第一标准。把校长和教师的思想政治品德、职业道德素养、专业行为品质放在评价的首要位置，坚持"德才兼备、以德为先"的原则导向。针对校长和教师的职业道德规范，既要制定具有共性要求的宏观标准，也要提出体现个性化要求的微观标准。要将师德师风建设融入校长和教师的资格认定、职前培训、日常教学、职称评聘、推优评先等各个方面。借鉴北卡罗来纳州教师职业道德规范的实用主义和行为主义特色，在要求校长和教师模范遵守《新时代中小学教师职业行为十项准则》的基础上，坚持实施"师德负面清单"管理，建立师德失范行为警示通报、行业禁入等制度，确保校长和教师队伍风清气正。

3. 构建专业的评价指标体系

科学适切的评价指标是评价的关键环节。学习借鉴美国北卡罗来纳州的经验做法，既以国家层面的宏观理念为指引，又紧贴地方层面的教育改革实际。结合我国国情，对校长和教师的评价指标，应各有侧重。从校长的视角来看，应重点关注规划发展愿景、传承学校文化、促进师生成长、建设现代制度、激励创新变革、管理组织运作、争取资源支持等方面；从教师的立场来看，应重点关注促进学生全面发展、保障学生平等权益、减轻学生过重负担、提升教育教学水平、建立积极家校合作、营造和谐育人环境等方面。同时，还应充分考虑区域、城乡、学段等不同特点，分类型、分层次、分学段和分学科设置评价指标。

4. 突出校长和教师的育人实绩

学校教育的根基在于上好每一节课、关爱每一名学生，要在过程中考量校长和教师是否认真履行了教育教学职责。要坚决克服重智育轻德育、重分数轻素质的行为，引导校长和教师关注学生的身心健康、全面发展和终身幸福。要坚决破除"唯论文、唯帽子、唯职称、唯学历、唯奖项"的"五唯"导向，引导教育工作者回归教学和课堂，关注学生的综合素质评价、生涯规划指导，不断优化教育资源配置，促进教育公平。校长要保证教师不受非教学事务的干扰，安心静心教书；教师要真真正正俯下身子、埋头钻研、潜心教学。

5. 强化多元评价的主体和路径

构建教育行政部门、学校、社会多方参与的评价机制，在校长和教师自我评价的基础上，政府领导、教育同行、学生和家长共同参与评价，多维度考量校长和教师的工作实绩。给予校长和教师的自我评价更多关注，让他们从被动接受转变为主动参与，充分发挥他们的主观能动性，从而有效提高校长和教师以评促改的主动性和创造性。探索多样化评价路径，创新评价工具，运用人工智能、大数据等现代信息技术，360度全景式收集校长和教师的表现数据，开展校长和教师管理和育人工作的全过程纵向评价和全要素横向评价。

6. 关注评价结果的反馈和运用

评价的最终目的是促进校长和教师的专业化发展，不断改进管理和教学的质效，做到以评促改、以评促教。为了充分发挥评价的导向、鉴定、激励、诊断、调控和发展等多重积极功能，学校应根据评价结果，向校长和教师及时反馈详尽和专业的评估报告，对校长的管理实践和教师的教学绩效开展具有针对性的诊断与指导，以帮助校长和教师反思实践、改进工作、提升能力、促进发展。通过不断完善评价结果的综合运用，建立以品德和能力为导向、以岗位需求为目标的用人导向，共同营造教育发展的良好环境。

名词解释

1. 州教育委员会（State Board of Education）：主要职责是为中小学教育提供指导、计划和监管服务，即对本州的教育政策和实施情况进行监管、决定教育预算优先配给、新政策和教育计划的审批、专业教师职位的确定、新建立学校的审批、对学校向地方教育机构提出的各项请求进行审批，以及调查出现的教育问题等。

2. 学区教育委员会（School District Board of Education）：主要职责是制订地方教育计划，具有学校人员聘用、收入分配、新项目审批、合作关系建立和学校事务安排等权力。

3. 学区（School District）：地方学区是美国公立教育体系的核心，是管理地方教育的主要部门，负责本学区内学生的教育工作，并保证使学生的成绩达到州和联邦政府规定的水平。各地方学区具体负责中小学教育的日常运行管理，提供教育经费和制定教育政策。

4. 学区总监（Superintendent）：是学区的首席执行官，与学区教育委员会密切配合，为学区发展定下基调、规划进程。同时，学区总监还负责聘用和监管学区内的其他行政人员，包括首席财务官和校长。

5. 人力资源执行主任（The Executive Director of Human Resources）：是学区人力资源部门的负责人，主要负责组织计划的制订和实施，员工入职培训计划，福利计划，数据库管理程序，及雇员档案纪录等工作。此外，还负责招聘、雇佣和签订劳动合同，提升员工留任率等。他们也是员工申诉的主要联系人，必须确保学区和学校认真遵守联邦、州和地方劳动法律。

6. 学校管理人员（School Executives）：指在北卡罗来纳州持证上岗的中小学校长和副校长。

7. 副学士学位（An Associate's Degree）和大学先修学分（College Transfer Credit）：北卡罗来纳州允许符合条件的高中生在高中学习期间，申请选修北卡罗来纳州社区学院（大学）的课程。成功修完规定大学课程的学生可以在高中毕业时，获得由社区学院（大学）颁发的副学士学位，或取得相应的大学先修学分。

8. （校长和教师）作品（Artifact）：是校长和教师工作的成果，是在实际工作中自然产生的，而不是为了满足评估需求特意创造出来的。当评估人员和校长、教师对最终评级存在分歧时，校长和教师可以通过提交和展示作品来证明他们的工作成效。

9. 学校改进计划（School Improvement Plan）：一项包含提高学生成绩的策略、如何及何时实施改进、州财政经费的使用和申请豁免等内容的学校发展计划，有效期一般为三年。

10. 学校改进小组数据（School Improvement Team Data）：由校长和行政管理人员、教师、助教、教辅人员、学生家长代表组成的团队所开展的工作，其目的是制订学校改进计划，以提高学生的成绩。

11. 北卡罗来纳州教师工作条件调查（NC Teacher Working Conditions Survey）：每两年开展一次的对北卡罗来纳全州教师在五个方面工作条件的调查，包括工作时间、赋权、设施和资源、领导力与专业发展。改善教师工作条件对于促进学生学习和增加教师留任至关重要。

12. 360 度反馈（360-degree Feedback）：是一种从组织内部多个层面收集行为观察信息，包括使用自我评估的多源评价方法。评估人员寻求从同事、其他主管、下属、客户及与被评估者有联系的组织中的其他任何人那里收集有关的绩效信息，从多元视角开展评价并提供反馈。

13. 学生辍学数据（Student Drop-out Data）：指美国 9 至 12 年级（高中）辍学学生的数据。

14. 教师留任率（Teacher Retention Data）：指教师流动率，包括新教师的分布情况。

15. 国家委员会认证（National Board Certification）：是美国最高水平的教师资格证书，由美国国家专业教学标准委员会认证。认证过程基于较高和严格的标准，根据绩效来评价教师的教学实践，最终目标是提高学生的学业表现和发展成就。

16. 教师专业发展（Teacher Professional Development）：基于研究、数据、实践反思教职员工的发展，重点是在共享和协作环境中提升教师的知识和教学技能。

17. 专业学习共同体（Professional Learning Communities）：是专业发展的一种形式，志趣相投的教师组成学习小组，通过改进自己的教学实践来提高学生的成绩。组成专业学习共同体的教师团队通常会定期集中，学习新主题、分享想法和解决问题。教师团队会在一起阅读和讨论文章和书籍，导师或团队负责人将提供专业指导。教师团队也会参加彼此感兴趣的培训或会议，或者邀请专家来做讲座。

18. 第二外语教师（ESL Teachers）：指向英语为非母语的学生教授英语的教师。

19. 个性化教育方案（IEPs）：针对每个面临挑战或带有残疾的学生，教师必须发展一种个性化教育方案，对教学和学习计划进行调整，以适应一个学习者或一组学习小组的独特需求与水平。

20. 北卡罗来纳州课程学习标准（NC Standard Course of Study）：课程学习标准，简称"课程标准"或"课标"，旨在支持北卡罗来纳州教育工作者为学生提供最具挑战性的教育，帮助所有学生做好入职和升学准备。课程学习标准为每个年级和每个高中课程规定了适当的内容标准，为北卡罗来纳州的每所公立学校提供了一套统一的学习标准。这些标准定义了学生应该知道和应该能够做的事情。北卡罗来纳州教育委员会要求每五到七年对每个学科领域的课程标准进行一次修订，以确保州课程包含明确的、相关的标准和目标。

21. 学生学习团队（Student Learning Teams）：是一种合作学习形式，由一小群学生共同完成一项任务，以实现共同的目标。团队中的每个成员都负责学习，并帮助队友学习。

22. 自我评价（Self-assessment）：在不受他人意见的影响下，对个人的专业实践进行反思，以确定自己的长处和有待改进的地方。自我评价的目的是明确绩效预期，指导关于目标设定、专业发展和项目需求的讨论，并为最终的评级提供参考。

23. 内容标准（Content Standards）：内容标准是对学生在核心学科中应该掌握的知识和技能的概括性描述。知识包括各个学科领域中重要和持久的观点、概念、问题和信息。技能包括每个学科领域各具特色的思维方式、工作方法、沟通策略、推理技巧和调查方式。内容标准可能还会强调跨学科主题及核心学术课程中的概念。

24. 特许学校（Charter Schools）：是一种在政府公共财政经费支持下享有特殊办学治校权的美国公立学校，具有典型的"公办民营"性质。在通过特许协议明确学校办学绩效目标的基础上，政府允许社区组织、企业集团、教育专业团队、教师和家长等机构和个人来经营和管理学校。特许学校在课程、教学、招聘和运营等方面享有更大的自主权，同时也比其他传统公立学校承担更多的责任。

25. 马扎诺的九个高产量教学策略（Marzano's Nine High Yield Instructional Strategies）：美国著名的课程改革与教学设计专家马扎诺于 2001 年提出了对提高学生成绩最具影响力的九项教学策略。具体为：区分异同；概括和笔记；强调努力并给予认可；完成家庭作业和练习；非语言表征；合作学习；确立目标并提供反馈；生成并验证假设；提示、问题和先行组织者。

26. 分布式当领导（Distributed Leadership）：是一种全新的领导结构及概念，将自上而下的领导方式转变为更加相互关联的团队模式，可以应用于任何组织和机构。学校情境中的分布式领导是校长、教师等学校成员在领导学校发展过程中的一种合作形式，具有集体协作的领导特征。教师、学生和家长等与学校有紧密关联的群体更多地参与学校发展决策，特别是发挥教职员工的积极作用，运用他们的专业知识和技能，在相互信任和责任共享的基础上参与决策。

参考文献

一、中文文献

[1] 蔡敏. 美国"基于表现的教师评价"探析——以密苏里州为例[J]. 教育科学, 2008(1):91-96.

[2] 蔡敏. 美国中小学教师评价及典型案例[M]. 北京:北京大学出版社, 2009.

[3] 蔡敏, 牛广妍. 美国亚利桑那州校长效能评价及其特点[J]. 现代教育管理, 2019(12):106-111.

[4] 陈利达. 美国基础教育改革——"力争上游"计划述评[J]. 中国校外教育(下旬刊), 2014(8):3,8.

[5] 谌启标. 英美教师评价制度的比较[J]. 外国中小学教育, 1998(1):10-20,40.

[6] 陈永明, 许苏. 我国中小学校长专业评价指标体系探究[J]. 中国教育学刊, 2009(1):41-44.

[7] 陈玉琨. 教育评价学[M]. 北京:人民教育出版社, 1999.

[8] 程晋宽. 美国中学校长评价制度浅析[J]. 外国中小学教育, 1997(2):32-35.

［9］程振响. 发展性教师评价的理念、框架设计及其操作［J］. 陕西教育学院学报,2001(4):15-18.

［10］范二平,安俊秀. 教师评价的研究与探讨［J］. 教育理论与实践,2005(12):8-9.

［11］凡勇昆,邬志辉. 美国基础教育改革战略新走向——"力争上游"计划述评［J］. 比较教育研究,2011(7):82-86.

［12］方征. 美国 Stronge 校长绩效评估体系的设计、运行与启示［J］. 教育研究,2015(4):136-141.

［13］冯大鸣. 现代学校制度与校长评价［J］. 中小学管理,2004(9):31-33.

［14］顾苗丰,张金静. 英美日教师评价制度的比较［J］. 现代基础教育研究,2012(4):43-48.

［15］顾明远. 教育大辞典［M］. 上海:上海教育出版社,1990.

［16］郭光亮,朱德全. 教育评价发展的多元路径探析［J］. 中国高校科技,2018(11):66-69.

［17］郭满库. 美国中小学教师考核评价办法——以印第安纳州 Perry 镇 Township 学区为例［J］. 现代中小学教育,2013(8):73-76.

［18］韩玉梅. 美国中小学教师评价政策研究［D］. 重庆:西南大学,2014.

［19］贺巍,盛群力. 迈向新平衡学习——美国 21 世纪学习框架解析［J］. 远程教育杂志,2011(6):79-87.

［20］何茜,谭菲. 美国中小学教师评价改革的新尝试——印第安纳州"RISE 体系"评析［J］. 比较教育研究,2013(12):11-15.

［21］核心素养研究课题组. 中国学生发展核心素养［J］. 中国教育学刊,2016(10):39.

［22］胡萌萌,胡林林.美国爱荷华州校长评价标准解读［J］.辽宁教育,2012(12):91-92.

［23］黄淑艳.美国教师档案袋评价研究［D］.长春:东北师范大学,2010.

［24］侯定凯,顾玲玲,汪靖莉.美国教师评价改革的新动向——《不让一个儿童落后法》颁布后［J］.全球教育展望,2015(10):72-75.

［25］姜凤华.现代教育理论、技术、实践［M］.广州:广东人民出版社,2001.

［26］靳昕,蔡敏.美国中小学"21世纪技能"计划及启示［J］.外国教育研究,2011(2):58-60.

［27］孔令帅,胡慧娟.美国"华盛顿州教师及校长评价项目"述评［J］.教育测量与评价(理论版),2014(12):14-18.

［28］劳凯声.教师职业道德规范的性质与意义［J］.辽宁教育,2014(4):17-18.

［29］冷百阳.美国佐治亚州校长评价体系研究［J］.浙江教育科学,2020(1):9-13.

［30］李风荣,杨秀平,刘晓坤.美国外语教师教育标准对中国大学英语教学的启示［J］.长春工程学院学报(社会科学版),2011(2):137-140.

［31］李华.美国科罗拉多州中小学校长示范评价体系研究［D］.曲阜:曲阜师范大学,2018.

［32］李华,程晋宽.美国中小学校长效能评价研究［J］.外国中小学教育,2019(4):46-54.

［33］李双雁,李双飞.美国北卡罗莱纳州教师评价体系及其特点［J］.教育测量与评价(理论版),2011(6):19-21,25.

［34］林凯华.美国中小学教师评价发展历程探析［D］.福州：福建师范大学,2012.

［35］刘彩霞.美国弗吉尼亚州校长评价标准及其对我国的启示［D］.曲阜：曲阜师范大学,2015.

［36］刘丹.美国北卡罗来纳州高中英语教师评价体系述评及对我国的启示［J］.中小学英语教学与研究,2017(7):46-49,59.

［37］刘丹.美国北卡罗来纳州中小学教师评价体系研究［D］.宁波：宁波大学,2017.

［38］刘丹.美国北卡罗来纳州中小学校长评价体系述评［J］.福建教育(中学版),2021(2):25-27.

［39］刘芳.美国教师同行评价动态［J］.基础教育参考,2003(10):13-16.

［40］柳国辉,谌启标.新世纪美国教师评价政策的改革动向及特点分析［J］.外国中小学教育,2014(10):33-37.

［41］刘淑杰.美国教师评价中与教师质量相关的三个概念辨析［J］.教育测量与评价(理论版),2014(7):4-9.

［42］刘尧.发展性教师评价的理论与模式［J］.教育理论与实践,2001(12):28-32.

［43］龙秋梅,刘莉莉.美国阿拉斯加州中小学教师评价标准之研究——以安克雷奇学区为例［J］.教育测量与评价(理论版),2011(1):22-25,21.

［44］罗瑾.美国田纳西州教师评价政策研究［D］.开封：河南大学,2015.

［45］Donald R. Cruickshank, Deborah L. Bainer, Kim K. Metcalf.教学行为指导［M］.时绮等译.北京：中国轻工业出版社,2003.

[46] 彭小虎. 美国加州教师教学评价标准[J]. 外国中小学教育,2004(12):12-15.

[47] 孙河川,郑丹,葛辉. 美中教师评价指标体系比较研究[J]. 教育发展研究,2008(20).

[48] 陶西平. 教育评价词典[M]. 北京:北京师范大学出版社,1998.

[49] 陶西平. 一路走来——陶西平教育漫笔[M]. 北京:京华出版社,2006.

[50] 涂艳国. 教育评价[M]. 北京:高等教育出版社,2007.

[51] 王斌华. 发展性教师评价制度[M]. 上海:华东师范大学出版社,1998.

[52] 王斌华. 奖惩性与发展性教师评价制度的比较[J]. 上海教育科研,2007(12):122-124.

[53] 王斌华. 教师评价:增值评价法 [J]. 教育理论与实践,2005(12):22-25.

[54] 王红,陈纯槿. 美国教育领导力评价研究三十年:回顾与启示[J]. 比较教育研究,2012(1):55-58,77.

[55] 王景英,梁红梅. 当前美国中小学教师评价的特点及其启示[J]. 外国教育研究,2002(9):54-59.

[56] 王娟. 我国中小学校长专业评价指标体系探究[D]. 上海:华东师范大学,2016.

[57] 王麒舒,刘桂秋. 美国在职教师评价体系及其启示 [J]. 煤炭高等教育,2012(2):87-90.

[58] 王小明. 表现性评价:一种高级学习的评价方法[J]. 全球教育展望,2003(11):47-52.

[59] 王新民,刘玲. 英、美中小学校长评价制度[J]. 教育情

报参考,2004(9):24.

[60] 王宇光.美国中小学如何运用学生成绩来评价教师[J].外国教育研究,1989(2).

[61] 王玥,赵慧臣.美国校长信息化领导力评价研究及启示——基于评价标准的思考[J].数字教育,2017(2).

[62] 吴志宏,冯大鸣,魏志春.新编教育管理学[M].上海:华东师范大学出版社,2008.

[63] 习近平.做党和人民满意的好老师——同北京师范大学师生代表座谈时的讲话[N].人民日报,2014-09-10(2).

[64] 夏征农.辞海[M].上海:上海辞书出版社,2009.

[65] 项聪.美国教师评价的发展历程与最新改革动向[J].外国教育研究,2006(9).

[66] 辛志勇,王莉萍.中小学校长评价研究述评[J].教育理论与实践,2006(9).

[67] 邢红军,张九铎,朱南.中美教师绩效评价比较研究[J].教育科学研究,2009(6).

[68] 严玉萍.中美教师评价标准比较研究[M].南京:南京师范大学出版社,2011.

[69] 杨莉.关于中美中小学校长管理制度的研究与思考[J].中国教育现代化,2004(11).

[70] 岳强.从美国教师职业道德规范中得到的几点启示[J].现代交际,2011(11).

[71] 曾家延,赵晶.美国四种校长教学领导力评估模型的比较与评论[J].外国中小学教育,2016(10).

[72] 张俊有.美国公立学校终身教师解聘制度研究[J].教育理论与实践,2005(12).

［73］张治国,毛立群.美国外语教师专业标准综述及其对我国的启示［J］.外国中小学教育,2011(8):51-54,58.

［74］赵德成.表现性评价:历史、实践及未来［J］.课程·教材·教法,2013(2):97-103.

［75］赵勇,王安琳,杨文中.美国中小学教师［M］.北京:北京师范大学出版社,2008.

［76］浙江省教育厅.关于印发《中小学教师专业发展培训学分制管理办法(试行)》的通知［EB/OL］. http://www. zjedu. gov. cn/news/146664830556039914. html.

［77］浙江省教育厅办公室.关于印发《中小学校长分层培训学分结构指南》《特殊教育教师分层培训学分结构指南》《中等职业学校教师分层培训学分结构指南》的通知［EB/OL］. http:// www. zjedu. gov. cn/news/147219361548316122. html.

［78］浙江省人力资源和社会保障厅,浙江省教育厅.关于印发《浙江省中小学教师职称评价指导标准(试行)》的通知［EB/OL］. http://www. zjedu. gov. cn/news/147684537836020898. html.

［79］中共中央,国务院.关于全面深化新时代教师队伍建设改革的意见［EB/OL］. http://www. gov. cn/zhengce/2018-01/31/content_5262659. htm,2018.

［80］中共中央,国务院.深化新时代教育评价改革总体方案［EB/OL］. http://www. gov. cn/zhengce/2020 - 10/13/content _5551032. htm,2020.

［81］中共中央办公厅,国务院办公厅.关于减轻中小学教师负担进一步营造教育教学良好环境的若干意见［EB/OL］. http:// www. gov. cn/zhengce/2019-12/15/content_5461432. htm.

［82］中共中央组织部,国家教委.关于加强全国中小学校长

队伍建设的意见(试行)[J].人民教育,1993(2):6-8.

[83]中国驻美国大使馆经济商务参赞处.美国50州州情:北卡罗来纳州[EB/OL]. http://us. mofcom. gov. cn/article/zt_invest-guide/lanmufour/201404/20140400560348. shtml.

[84]中国驻美国大使馆经济商务参赞处.使馆领区16州情况介绍:北卡罗来纳州[EB/OL]. http://us. mofcom. gov. cn/article/ddgk/states/201407/20140700681678. shtml.

[85]中华人民共和国教育部.关于全面深化课程改革落实立德树人根本任务的意见[EB/OL]. http://old. moe. gov. cn/public-files/business/htmlfiles/moe/s7054/201404/167226. html,2014.

[86]中华人民共和国教育部.关于印发《义务教育学校校长专业标准》的通知 [EB/OL]. http://www. moe. gov. cn/srcsite/A10/s7151/201302/t20130216_147899. html,2013.

[87]中华人民共和国教育部师范教育司.中小学教师职业道德规范学习手册[M].北京:高等教育出版社,2008.

[88]钟建国.美国中小学校长领导力评估研究——以"范德比尔特教育领导力评估"为例[D].福州:福建师范大学,2012.

[89]钟启泉.基于核心素养的课程发展:挑战与课题[J].全球教育展望,2016(1).

[90]周成海,靳涌韬.美国教师评价研究的三个主题[J].外国教育研究,2007(1):1-6.

二、英文文献

[1] About NC[EB/OL]. http://www. nc. gov/services-info/education-nc.

[2] Bobby Moore. Improving the Evaluation and Feedback

Process for Principals[J]. Principal,2009(3):38-41.

[3] Cabarrus County Schools Board of Education. Discrimination, Harassment and Bullying Complaint Procedure [EB/OL]. https://boardpolicyonline. com/bl/?b=cabarrus#&&hs=141861.

[4] Cabarrus County Schools Board of Education. Drug-free and Alcohol-free Workplace [EB/OL]. https://boardpolicyonline. com/bl/?b=cabarrus#&&hs=142127.

[5] Cabarrus County Schools Board of Education. Employee Dress and Appearance [EB/OL]. https://boardpolicyonline. com/bl/?b=cabarrus#&&hs=142150.

[6] Cabarrus County Schools Board of Education. Family and Medical Leave [EB/OL]. https://boardpolicyonline. com/bl/? b = cabarrus#&&hs=142168.

[7] Cabarrus County Schools Board of Education. Prohibition Against Discrimination, Harassment and Bullying[EB/OL]. https:// boardpolicyonline. com/bl/?b=cabarrus#&&hs=141860.

[8] Cabarrus County Schools Board of Education. Workplace Relations[EB/OL]. https://boardpolicyonline. com/bl/?b=cabarrus #&&hs=142126.

[9] Chad D. Ellett, Joanne S. Garland. Teacher Evaluation Practice in Our Largest School Districts: Are they measuring up to "state-of-the-art" system? [J]. Journal of Personnel Evaluation in Education,1987(1):69-92.

[10] Chapter 115C: Elementary and Secondary Education[EB/ OL]. https://www. ncleg. gov/Laws/GeneralStatuteSections/Chapter115C,2020.

［11］Claire E. L. Sinnema, Viviane M. J. Robinson. The Leadership of Teaching and Learning Implications for Teacher Evaluation［J］. Leadership and Policy in Schools, 2007(6):123-126.

［12］David Nevo. How can teachers benefit from teacher evaluation?［J］. Journal of Personnel Evaluation in Education, 1994(8).

［13］Dennis C. Stacey, David Holdzkom, Barbara Kuligowski. Effectiveness of the North Carolina Teacher Performance Appraisal System［J］. Journal of Personnel Evaluation in Education, 1989(3).

［14］Douglas R. Davis, Chad D. Ellett, Joyce Annunziata. Teacher Evaluation, Leadership and Learning Organizations［J］. Journal of Personnel Evaluation in Education, 2002(4).

［15］Education in North Carolina: Wikis［EB/OL］. http://www. thefullwiki. org/Education_in_North_Carolina.

［16］Edward J. Fuller, Liz Hollingworth, Jing Liu. Evaluating State Principal Evaluation Plans Across the United States［J］. Journal of Research on Leadership Education, 2015(3).

［17］Ellen B. Goldring, Madeline Mavrogordato, Katherine Taylor Haynes. Multisource Principal Evaluation Data［J］. Educational Administration Quarterly, 2015(4).

［18］Graeme Withers. Getting Value from Teacher Evaluation［J］. Journal of Personnel Evaluation in Education, 1994(8).

［19］Hoffman, R. Ten Reasons Why You Should Be Using 360-degree Feedback［J］. HR Magazine, 1995(4).

［20］James H. Stronge. Principal Evaluation from the Ground Up［J］. Educational Leadership:Journal of the Department of Supervision and Curriculum Development, 2013(7).

[21] Janet Looney. Developing High-Quality Teachers: Teacher Evaluation for Improvement[J]. European Journal of Education, 2011 (4).

[22] Jennifer Marcou, Genevieve Brow, Beverly J. Irb, Rafael Lara-Alecio. A Case Study on the Use of Portfolios in Principal Evaluation [R]. paper presented at the Annual Meeting of the American Educational Research Association, Chicago, IL, April 22nd, 2003.

[23] John P. Papay. Refocusing the Debate Assessing the Purposes and Tools of Teacher Evaluation[J]. Harvard Educational Review, 2012(1).

[24] Joseph A. Dimino, Mary Jo Taylor, Joan Morris. Facilitator's Guide for Professional Learning Communities[M]. REL Southwest, 2015.

[25] Karen Phillips, Rose Balan, Tammy Manko. Teacher Evaluation: Improving the Process[J]. Transformative Dialogues: Teaching & Learning Journal, 2014(3).

[26] Karen S. Loup, Chad D. Ellett, Joanne S. Garland, John K. Rugutt. Ten Years Later: Findings from a Replication of a Study of Teacher Evaluation Practices in our 100 Largest School Districts[J]. Journal of Personnel Evaluation in Education, 1996(10).

[27] Kelly A. Andrews, Lori G. Boyland, Marilynn M. Quick. Principal Evaluation in Indiana: Practitioners' Perceptions of a New Statewide Model[J]. Education Leadership Review, 2016(2).

[28] Kenneth D. Peterson, Christine Wahlquist, Julie Esparza Brown, Swapna Mukhopadhyay. Parent Surveys for Teacher Evaluation [J]. Journal of Personnel Evaluation in Education, 2003(17).

[29] Kenneth D. Peterson, Dannelle Steven, Carol Mack. Presenting Complex Teacher Evaluation Data: Advantages of Dossier Organization Techniques Over Portfolios[J]. Journal of Personnel Evaluation in Education, 2001(1).

[30] Kowal Julie. The State of North Carolina Public Education [EB/OL]. http://carolinacan. org/sites/carolinacan. org/files/research/reports/SoE2013/index. html, 2013.

[31] Ladd Smith, Bill Shreeve. Reshaping Teacher Evaluation: Promoting Teacher Involvement to Effective Evaluation [J]. Early Child Development and Care, 1997(132).

[32] Larry E. Frase, William Streshly. Lack of Accuracy, Feedback, and Commitment in Teacher Evaluation[J]. Journal of Personnel Evaluation in Education, 1994(1).

[33] Laura Jean Albanese. Identifying and Assessing Current Practices in Principal Evaluation[D]. Boston University, 2003.

[34] Leslie M. Anderson, Brenda J. Turnbull. Evaluating and Supporting Principals [J]. Building a Stronger Principalship, 2016 (4).

[35] Lynn K. Bradshaw. Local District Implementation of State Mandated Teacher Evaluation Policies and Procedures: The North Carolina Case[J]. Journal of Personnel Evaluation in Education, 2002 (2).

[36] Mary Lynne Derrington, Kellie Sanders. Conceptualizing a System for Principal Evaluation[J]. AASA Journal of Scholarship & Practice, 2011(4).

[37] Marvin Marshall. Using Teacher Evaluation To Change

School Culture[J]. NASSP Bulletin,1998(82).

[38] Nadine Binkley. Reforming Teacher Evaluation Policy: A Qualitative Study of the Principal's Role[J]. Journal of Personnel Evaluation in Education,1995(9).

[39] Naftaly S. Glasman, Ronald H. Heck. Principal Evaluation in the United States[J]. International Handbook of Educational Evaluation,2003(9).

[40] National Center for Education Statistics. Average ACT Scores and Percentage of Graduates Taking the ACT, by State: 2015 and 2019[EB/OL]. https://nces. ed. gov/programs/digest/d19/tables/dt19_226. 60. asp.

[41] National Center for Education Statistics. National Teacher and Principal Survey[EB/OL]. https://nces. ed. gov/surveys/sass/tables/sass1112_2013313_p1s_001. asp.

[42] National Center for Education Statistics. NTPS State Dashboard, 2017-18[EB/OL]. https://nces. ed. gov/surveys/ntps/ntps-dashboard/.

[43] National Center for Education Statistics. Teacher Qualifications[EB/OL]. https://nces. ed. gov/programs/digest/d18/tables/dt18_209. 30. asp.

[44] North Carolina[EB/OL]. https://en. wikipedia. org/wiki/North_Carolina.

[45] North Carolina Department of Public Instruction. National Board Certification[EB/OL]. https://www. dpi. nc. gov/educators/national-board-certification.

[46] North Carolina Department of Public Instruction. North

Carolina Standard Course of Study [EB/OL]. https://eric. ed. gov/? id=ed496020.

[47] North Carolina Educator Evaluation System. Professional Development Plans Chart [EB/OL]. http://ncees. ncdpi. wikispaces. net/file/view/PDP+Chart. pdf.

[48] North Carolina Public Schools' Fast Facts [EB/OL]. https://legislative. ncpublicschools. gov/20110318-fastfacts. pdf.

[49] Pamela D. Tucker, James H. Stronge, Christopher R. Gareis, Carol S. Beers. The Efficacy of Portfolios for Teacher Evaluation and Professional Development: Do they make a difference? [J]. Educational Administration Quaterly, 2003(5).

[50] Pamela H. Breedlove. Teacher Evaluation in North Carolina: Teacher Perceptions During A Time of Change [M]. ProQuest Dissertations Publishing, 2011.

[51] Public Education in North Carolina [EB/OL]. https:// ballotpedia. org/Public_education_in_North_Carolina.

[52] Public Schools of North Carolina. Evaluation Training For Teachers [EB/OL]. http://www. ncpublicschools. org/effectiveness-model/ncees/teachers/.

[53] Public Schools of North Carolina. NC Public Schools Facts [EB/OL]. http://www. ncpublicschools. org/quickfacts/facts/.

[54] Public Schools of North Carolina. NCEES Evaluation Process [EB/OL]. http://www. ncpublicschools. org/effectiveness-model/ncees/instruments/, 2015.

[55] Public Schools of North Carolina. North Carolina Standards for School Executives [S]. https://www. dpi. nc. gov/media/507/

download.

[56] Public Schools of North Carolina, North Carolina State Board of Education, North Carolina Department of Public Instruction. North Carolina School Executive: Principal and Assistant Principal E-valuation Process [S]. Mid-continent Research for Education and Learning, 2009.

[57] Public Schools of North Carolina, North Carolina State Board of Education, North Carolina Department of Public Instruction. North Carolina Teacher Evaluation Process [S]. Mid-continent Research for Education and Learning, 2009.

[58] Richard P. Manatt, Peter P. Price. Five Factor Teacher Performance Evaluation For Career Ladder Placement[J]. Journal of Personnel Evaluation in Education, 1994(8).

[59] Robert J. Marzano. The Two Purposes of Teacher Evaluation[J]. Educational Leadership, 2012(12).

[60] Ronald T. C. Boyd. Improving Teacher Evaluations[J]. Practical Assessment, Research, and Evaluation, 1989(1).

[61] Sarah R. Nielsen, Alyson Lavigne. Principal Evaluation in the United States: A National Review of State Statutes and Regulations [J]. Education Policy Analysis Archives, 2020(143).

[62] Sharon Conley, Naftaly S. Glasman. Fear, the School Organization, and Teacher Evaluation[J]. Educational Policy, 2008(1).

[63] Stephen H. Davis, Phyllis A. Hensley. The Politics of Principal Evaluation [J]. Journal of Personnel Evaluation in Education, 1999(4).

[64] Stephen Sawchuk. Teacher Evaluation: An Issue Overview

[J/OL]. Education Week,2017. http://www. edweek. org/ew/section/multimedia/teacher-performance-evaluation-issue-overview. html.

[65] U. S. Bureau of Economic Analysis. Gross Domestic Product by State: Third Quarter 2016[EB/OL]. https://www. bea. gov/newsreleases/regional/gdp_state/qgsp_newsrelease. htm.

[66] U. S. Bureau of Economic Analysis. Real Personal Income for States and Metropolitan Areas, 2014 [EB/OL]. https://www. bea. gov/newsreleases/regional/rpp/rpp_newsrelease. htm,2016.

[67] U. S. Department of Education. Content and Performance Standards[EB/OL]. https://www2. ed. gov/policy/elsec/guid/standardsassessment/guidance_pg3. html,2009.

[68] U. S. Department of Education. ED Data Express: Data about Elementary & Secondary Schools in the U. S. [EB/OL]. https://eddataexpress. ed. gov.

[69] U. S. Department of Education. Percentage of Students Who Graduated With a Regular High School Diploma[EB/OL]. https://eddataexpress. ed. gov/dashboard/title-i-part-a.

[70] U. S. Department of Education. Race to the Top Phase 2 Final Results [EB/OL]. https://www2. ed. gov/programs/racetothetop/phase2-applications/index. html,2010.

[71] U. S. Department of Education. State Education Data Profiles[EB/OL]. https://nces. ed. gov/programs/stateprofiles/sresult. asp? mode=short&s1=37.

[72] U. S. News & World Report. Best Global Universities Rankings[EB/OL]. https://www. usnews. com/education/best-global-universities/rankings, 2017.

［73］U. S. News & World Report. National Universities Rankings［EB/OL］. https://www. usnews. com/best-colleges/rankings/national-universities, 2017.

［74］William J. Slotnik, Daniel Bugler, Guodong Liang. Change in Practice in Maryland: Student Learning Objectives and Teacher and Principal Evaluation［M］. WestEd and Community Training and Assistance Center, 2015.

附录 A 架起中美友好的民间桥梁
——我在美国做志愿者

2010 年 3 月，经过中国国家汉办（教育部中外语言交流合作中心）和美国大学理事会的笔试、面试和心理测试等环节的层层选拔，我以优异的成绩入选赴美汉语教师志愿者（College Board Chinese Guest Teacher）项目。肩负着"文化交流大使"的使命，在北京接受了一个月的行前培训后，我于 2010 年 7 月来到了美国，开始了为期一年的汉语教学和文化交流工作。拥抱着梦想，怀揣着好奇心，我开始渐渐认识美国、熟悉美国，走进美国人的生活。一年的工作、学习和生活，酸甜苦辣，五味杂陈。一些人、一些事，是一辈子的记忆。

我的工作

我工作的学校是美国北卡罗来纳州 Cabarrus County 学区的 Cox Mill 高中和 Harris Road 初中，它们都是当地最好的学校。这一学年，我主要开设了中文课、中国历史与文化课，以及中美关系课。这也是该学区第一次开设中文项目。

我教的这些美国孩子天真活泼，给身处异国他乡的我带来了无尽的欢乐；他们情深意浓，让我在远离家乡的日子并不孤单和寂寞。虽然文化背景不同，但是一群美国孩子却和我成了好朋友。记得一次在学完饮料和食物这门课以后，我组织了一次研学旅行（Field Trip）。我们一起去中国餐馆吃饭，用中文点餐，体验中餐文化。为了找一家相对正宗的中餐馆，我做足了功课，几乎试遍了当地所有的中餐馆，终于找到了一家相对正宗的粤菜餐馆（Palace of China Restaurant）。点餐时，孩子们一个个跃跃欲试；席间，他们连连竖起大拇指，说"好吃！好吃！"那时，我感到很欣慰，也很自豪。

我每天 7：05 上课，想必是全美最早上课的老师了。课前的十分钟，是预备时间（Bell Work）。每天的任务，就是教学生学写几个中国汉字。孩子们很喜欢，因为他们觉得汉字很酷，写起来就像画画一样。在他们认真写汉字时，我会在电子白板（Smart Board）上放几首 MTV，都是中文歌曲。这个点子很受学生们的欢迎。他们最喜欢的是《北京欢迎你》，被 MTV 中呈现的北京深厚与独特的文化所深深吸引，重复听了两个多月都没腻，还各自分配了角色，学会了怎么唱。

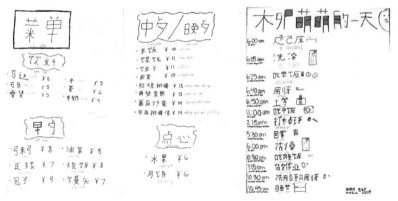

学生的作品

为了扩大中文的影响力，我在学校建立了中文俱乐部（Chinese Club），共有60多名会员，每周三下午放学后聚会。在中文俱乐部里，学生们可以学习一些实用的中文对话、写书法、学剪纸、唱中文歌、练武术，还可以看中文电影。内容丰富，形式多样，孩子们都学得很开心。

同时，为了能让更多的学生了解中文、中国和中国文化，我还利用各种机会，给学生做演讲、开讲座。在高中，我和社会科学（Social Study）的老师们一起设计教材，在历史课上介绍中国的文化和发展；在英语课上介绍中国文学，学生们对《西游记》颇感兴趣；我还在学校举办了中国文化艺术展。在初中，我走进其他的学生俱乐部，如多元文化俱乐部（Culture Diversity Club），向学生们介绍中国历史和文化；在体育馆里为六年级和七年级的学生开设大型的中国文化讲座，引发他们的兴趣，让他们认识了一个真实的中国、开放的中国、现代的中国。

给初中七年级的师生做讲座

（2011年4月7日，北卡罗来纳州 Harris Road 初中）

这一年，上课、开讲座、办展览、搞派对、组织中文俱乐部，丰富且充实。五点起床、七点上课、每天三节课、每节九十分钟，忙碌却规律。通过一年的努力工作，学生和家长们都非常喜欢我的中文课，我的班级规模也扩大了三倍，学区总监和校长连声赞叹，称之为奇迹。美方两所学校都对我的工作给出了 100 分的评价，还专门向大学理事会写了推荐信，予以表彰。

2010 年 10 月，我以最高成绩"Superior"顺利考取了美国北卡罗来纳州的教师资格证。这一年，我还走进了美国老师的课堂。我喜欢听课，英语课、数学课、科学课、历史课、西班牙语课、体育课、音乐课，不一样的教学理念和方法，呈现出精彩纷呈的课堂。同时，我还担任了学区的国际事务联络员，负责学区与世界各国姐妹学校之间的联络联谊工作，我深感教育国际交流是开阔学生视野、增进彼此友谊的最佳方式。这一年，我深入地了解美国的教育体系，从教材和教法、课程设置、教师评价、专业发展、学生管理，到学校的管理和运作，认真体会和学习，积累经验。

我的生活

我的美国导师，Mum Johnson，认我做了儿子。老人家无微不至的照顾，不仅在教学上，更是在生活中，叫人感觉温暖和幸福。一段跨越国界的亲情，欢笑和泪水之间，希望能永恒不变。

这一年在美国的生活，也经历了许多人生的"第一次"。

第一次接受美国媒体的采访，在美国过教师节。学区第一次来了一位中国老师，自然引起了人们的好奇。报纸、电视台纷纷来学校采访。我因此登上了 Cabarrus County 主流日报和 Harris-burg 地区报纸的头版。介绍中国，宣传中文，我努力做好文化交流大使的角色。9 月 10 日中国教师节那天，北卡罗来纳州的教育官员和学区领导真挚的慰问让我深感荣耀。美方学校不但邀请我吃饭，还邀我观看球赛，更有礼物相赠。在异乡，和家一样温暖。

第一次在美国过春节。2011 年的中国新年，是我第一次远离家人，独自一人在国外度过。不过我还有一群可爱的美国学生。大家一早就商量要搞个庆祝中国春节的大派对。大家买吃的、选礼物、排练节目、设计游戏，忙得不亦乐乎。学生们还亲手做了一条中国龙，准备搞个校园大游行。除夕那天，学校特意在早上的广播时间播了一首《恭喜发财》。中午，学生们提着亲手做的"中国龙"，在校园里走了好几圈，沿途所有班级的学生都走出教室来观看。下午的派对上，孩子们做着游戏唱着歌，和我一起愉快地度过了一个特殊而难忘的中国新年。

第一次去教堂。虽然没有宗教信仰，但是抱着了解美国文化和美国人民日常生活的态度，我和 Mrs. Christian（学校的 ISS 老师，ISS 是 In-school Suspension 的缩写，ISS 老师主要负责教育和看管受到校内禁闭处罚的学生）周日早上去了 Baptist 教堂。第一次去教堂给我留下了深刻的印象。在主日学校（Sunday School）里，大家为刚刚遇害的大区警长的女儿祈祷。教堂里，牧师念着圣经，人们唱着圣歌。让我最为难忘的是之后的聚餐。为大家服务的都是信众的孩子。看着一群小孩子端茶递水，像模像样，感觉这是很好的社会实践。

第一次看赛车。我的住所附近就是 Charlotte Speedway。这是美国一个非常有名的赛车场，每年的 5 月和 10 月，都会有大型的赛车比赛。一到那个时候，赛车场附近就会有成千上万的人安营扎寨，或搭帐篷，或住房车。他们开着车尾派对（Tailgate Parties），喝啤酒、做游戏、搞烧烤，场面蔚为壮观。我的好朋友 Brad 是个赛车迷，一到比赛季，他便早早地租好了场地，召集朋友，搞起了派对。他邀请我参加他们的聚会，一起玩玉米洞游戏（Corn Hole），唱着歌，丢着球，吃着烧烤，很是享受。晚上的赛车比赛，精彩刺激。心跳随着车速不断加速。第一次看赛车比赛，找到了心跳加速的刺激。

第一次逛美国的集市游乐场（Fair）。2010 年的中秋，早先计划是一个人，享受月光，再吟一首"独在异乡为异客，每逢佳节倍思亲"，也就罢了。没承想，学生们送来了月饼，老师们送上了问候。满满的节日安排，从车窗遥望外国的月亮，思念着故乡的友人。没有假期，就自己找找乐子呗。和一群美国老师，一口气去了好几个游乐场。就像是电影里熟悉的西方场景，摩天轮、海盗船、过山车，应有尽有。虽然只是孩子们的天堂，但老人还是不少的。因为这里有历史。Fair 的前身，是农民的集市，交易家畜、庆祝丰收。家长领着孩子，农舍里逛一圈，是一堂不错的生物课了。老人们结伴，迂回几圈，是回忆，更是憧憬。而我这个外国人，优哉游哉地走了一圈，感受的是对生命的尊重，是人与自然的和谐。这样的游乐场，孩子、年轻恋人、老人，都能找到乐子，各得其所。

第一次去酒吧。这一年，交了许多美国的年轻朋友。从他们身上，了解到了美国年轻人的生活。一个周六的晚上，他们带着我去了 Coyote Joe's 酒吧。啤酒、疯牛、舞蹈，当然还有乡村音乐。那晚，我第一次感受到了美国元素、牛仔气息、乡村氛围。美国的年轻人，享受生活，品味人生。

第一次经历暴风雪。暴风雪，2011 年的第一个关键词。除了夏威夷，全美 49 个州都被风雪覆盖。当年 11 月的飓风警报频繁，随时准备到家门前的地沟蜷缩一两个小时。没有应急响应，也不曾进入紧急状态，只是预案是一早的。学区自动语音提示，学校停课。下雪的日子，商场关门，高速封闭，学校停课。灾难的意识，正如各种名目的逃生演练，是从娃娃开始抓起的，并且已经是常态化了的。

第一次参加美国的毕业舞会和毕业典礼。高中毕业，老师、学生和家长一样的重视，毕竟是一生一次的。为了表示重视和体现庄重，学校为我们教师专门定租了燕尾服，穿上后顿感特别精神。学区总监和校长的致辞，言语间让人温暖。看着孩子们一一从校长手中接过毕业证书，我和家长们一样为他们自豪。

这一年的美国生活，还有几个关键词：

美食

我是一个不挑食的人，自然也就无法抵挡美食的诱惑。来美国，最大的快乐就是可以尝到各式各样的美食。Olive Garden, Red Lobster, May Flower, TGIFs, Golden Corral, Ryan's, Sticky Fingers……凡是叫得上名字的餐馆，我都去过，而且对 Milkshake 和 Ziti Bolognese 也是情有独钟。

体育

在国内，我是一个对体育不感冒的人。而美国人对体育近乎痴狂。好友 Brad 和 JD 分别是学校篮球队和棒球队的教练，为了支持他们，我几乎每场都去呐喊助威。渐渐地，我开始喜欢上了体育，还用英语明白了其中的规则，跟着啦啦队（Cheer Leaders）喊着口号，摇旗呐喊，感受着体育带给人们的快乐。

旅游

这一年，利用节假日，我游历了美国的河山。纽约的摩肩接踵，佛罗里达的纸醉金迷，洛杉矶的无所适从，亚特兰大的黑天墨地……而最令人流连忘返的还是春天里的华盛顿、浓雾中的旧金山和沙漠边的拉斯维加斯。

感恩节期间，我把佛罗里达作为旅途的目的地。奥兰多机场大得要搭地铁。下了飞机，迎接我的是一派热带风情。环球影城、海洋世界、迪士尼乐园……所有曾经道听途说过的地方。忘记了上一回在游乐场的头晕目眩，凭着不留一丝遗憾的信念，我坐上了直上直下的过山车，和孩子们一起，在魔幻城堡里群魔乱舞了一通。在这里，置身其中，烦恼、忧愁，便被各式各样的过山车抛到九霄云外去了。一部部经典的电影，在环球影城里，重温昔日的温情。感慨美国人的技术，20 世纪的作品，而今看来，仍然是崭新的。

圣诞期间的美东游，是此生难忘的。百年一遇的暴风雪，算是夹道欢迎的礼花。新年的钟声，在纽约的时代广场，一秒一秒地定格。高楼林立的曼哈顿，有种让人窒息的压抑。吹不到一丝风，看不到一线光，还是怀念北卡罗来纳的恬美安逸。雾气弥漫的尼亚加拉，一如既往的气势恢宏。站在断桥上的俯视，遥望美加的自然边界，犹如太白登顶，叹鬼斧神工。波士顿的龙虾，货真价实的鲜美。

3 月里，带着美国学生，再次造访了春天里的华盛顿，樱花绽放，美不胜收。在孩子眼中，华盛顿纪念碑是最负盛名的历史地标，林肯纪念堂是最受欢迎的地点，白宫和旧金山是最庄严的权力中心，自然历史博物馆是最引人入胜的奇特世界，国家档案馆是最说教的历史课，大屠杀纪念博物馆是最沉重的布道。春天里的华盛顿，风依然劲，人依旧多。

4 月的全美中文大会，上千人的队伍，浩浩荡荡从全球各地赶来。美国助理国务卿和中国国务委员偕同十位部长的光临，安保级别都提到了最高级。令我受宠若惊的是美方四位校长亲自陪同我参加了大会，出席了北卡罗来纳大学国际理解中心举行的晚宴。旧金山，三藩市，或是圣弗朗西斯科，究竟是陌生，还是熟

悉。走过大雾弥漫的金门大桥，和骑车的人凑凑热闹赶往 Sausali-
to，摆个渡，"恶魔岛"（Alcatraz）360 度的全景呈现。再登上不
曾变味的渔人码头，坐一回电车（Cable Car），到唐人街逛一圈。
旧金山，梦中的人间仙境，在雾气和阳光之间徐徐展开。之后的拉
斯维加斯，不愧是罪恶之城。赌场，美女，还有醉鬼。沙漠之舟，
想必是美国最美的城市。忘了时间，关上窗户，一辈子就这么快。
而大峡谷，鬼斧神工的自然奇观。武侠、科幻、惊悚……应有尽有
的元素。叫人感叹，初生的婴孩，糜烂的人生，坦荡的释怀，是
如此一般的呈现。

我的学习

这一年，也是在排得满满的培训和进修中度过的，不断地充
着电，提升着自己。2010 年 6 月，在北京参加了行前培训。白
鹭园里的三十天，世外桃源的生活，似乎又回到了大学校园。三
十天，聆听大师的声音，也是心理极限的考验。京城的最后一片
湿地里，簇生的是走出国门前的"我是中国人"的民族魂，是
五湖四海的兄妹情，也是文化差异的展览馆。之后的三百多天，
发现，成了永恒的主题。7 月在洛杉矶 UCLA 的培训，开始了蜜
月期般的旅美生活。

让人感觉幸福的是，我被安排在了北卡罗来纳州。州教育部
门专门组织我们参加了北卡罗来纳大学的教师专业发展进修，从
二语习得、语言教学、现代教育技术等多方面，来指导我们的教
学，了解当下世界领先的教育理论知识。2011 年 4 月，我顺利
地完成了全部课程，考取了结业证书。

而学区和学校也组织了一系列的培训，包括介绍 Smart Board
的使用，介绍网络资源的利用，介绍教师评价机制，等等，对实

际教学有针对性的指导和帮助。当然，这一年，我也充分利用学校的图书馆，饱览群书。从美国历史到文学，从教学法到课堂管理，不仅提升了英语水平，也扩大了视野，增长了知识。

我的感恩

在美国的这一年，有许多人都曾给予我关心和帮助。点点滴滴，我都会永远铭记于心。

White Lie

2011 年 3 月 17 日，校长给我发了封邮件，说是放学后要开个短会，通知我到时准时参加。定期召开会议，是学校的惯例，我也没太在意。下午放学后，准时到自助餐厅报到。那时，意想不到的事发生了。原来，校长召集了全校的老师，秘密地为我筹划了一个生日派对。校长说她撒了一个"White Lie"。老师们精心布置了餐厅，Mum Johnson 亲手做了一个 Leprechaun（魔法精灵，矮妖），桌子上摆着一个大蛋糕，大家一起为我唱起了生日歌。之后，校长还亲自送上生日礼物。在异国他乡，有那么多人关心我、爱护我，让我很感动。那天，我哭了，因为我觉得自己很幸福。

欢送会

2011 年 6 月，我工作的高中和初中专门为我举行了欢送会。我一年的生活和工作，校长煽情地回忆了一长段。"年度特别贡献"和"当月之星"，是两所学校颁给我的奖，Deb（美方校长）递过奖牌和礼品的时候眼角湿润了。尽管多次婉拒了留任的邀请，每次谈到离别的话题，Deb 都还会不舍地流泪。那时，我想起了出国前，中国学生为我搞欢送会的情景。做老师的，似乎总是要经历一次又一次的离别。不过，这一次的离别，也预示着下一次的重逢。

学区的表彰大会

2011 年 6 月，Cabarrus County 学区教育委员会的全体成员举行了一次特别会议，专门接见了我，肯定和表彰我一年的辛勤工作和取得的喜人成绩。每一位委员都亲切地和我握手，送上祝福，并授予了我荣誉奖牌。高中和初中的五位校长也亲自陪同出席。这既是一种极大的荣誉，也是对我工作的充分肯定和高度赞赏。

孩子们的祝福

一年的相处，我和美国孩子们结下了深厚的友谊。最后一节课，他们悄悄地给我写了信，表达了对我的祝福。告别时，拥抱再拥抱。真的很不舍，能够在美国相遇、相识和相知，是一种缘分。我将永远记住在一起的每一个欢笑，每一次喧闹。我也在遥远的中国，祝福孩子们，健康成长，快乐生活。

学生的祝福

2011 年 7 月，我顺利地完成了一年的赴美汉语教学工作，回到了祖国。这也是一个 bitter-sweet 的时刻。这一年的美国生活，带给了我许多快乐和难忘的经历，也将改变我的人生。我骄傲,因为我是一名志愿者;我自豪,因为我是一个中国人。我用自己的行动,为中美两国人民友好交往的桥梁添砖加瓦,向美国朋友展现了中国人的善良、智慧和勤劳。我衷心祝愿汉语教学事业能够在美国蓬勃发展,让汉语传遍世界的每一个角落。我也希望这种文化交流会变得越来越普遍,不断加深中美两国人民之间的了解和信任,让世界充满爱。

Open a Window and Build a Bridge:
Being a Chinese Guest Teacher in America

Eleven years ago, I was working at Cox Mill High School and Harris Road Middle School in Cabarrus County Schools, North Carolina. First of all, I'd like to extend my sincere thanks to the College Board and Hanban, from the bottom of my heart for giving me the great opportunity to be a Chinese Guest teacher and work with so many excellent teachers and principals. As a famous Chinese saying goes, "If destined, people come together though they live far apart. If not, they miss each other though they meet face to face. " It is predestined affinity that combines College Board Chinese Guest Teacher Program and me together. So I am always grateful.

It's always hard to be a pioneer to start a brand-new program. So I had tried my best and made great efforts to make it perfect. During the first semester, I had two classes for Chinese one at both of my host schools, one semester-long class at high school and another year-long class at middle school. While for the second semester, I had a new class for Chinese one at each school. Meanwhile, I also worked together with the social study teachers, developing and compiling curriculum materials for teaching Asian history and culture at high school, as well as developed a series of lectures about Sino – American Relations. In the middle school, I had given many speeches to different graders and some students clubs, with the aim of introducing China and Chinese culture. I was expecting to gain more fame for my Chinese class and attract more students to learn it. At the same time, I also served as the school district's mternational coorclnator, reoponsible for the liaison and fellowship between the school district and sister schools arocnd the world. I deeply feel that international education exchange is the best way to broaden students' horizons and enhance mutual friendship.

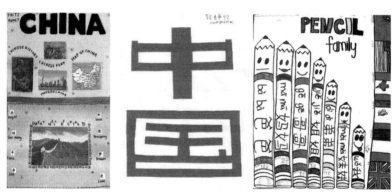

students' works

Besides, in order to let me get used to the American way of teaching as soon as possible, my school made a list of different classes for me to observe. Gradually, I got to know the differences between education in both countries and be well prepared for my new position.

At high school, I also set up a Chinese club. There were more than 60 students that joined the club. Through various kinds of activities, the members had learned a lot about China and Chinese culture, of course also had a lot of fun.

teaching Mandarin Chinese　　　　**students doing research**

During the school holidays, I traveled a lot with some other guest teachers. I was impressed and attracted by the picturesque landscape. I was lucky enough to be invited to a lot of parties and family gatherings, and understood the American way of life better. Besides, I had tried all kinds of delicious American food this year. Gradually, I knew how to order food in a restaurant, got accustomed to giving tips, and learned thoroughly about table manners.

This year, the local newspaper gave me a warm welcome and reported my teaching in the states. Not only my achievements had been affirmed, but also the Chinese program had been propagated actively.

Though facing a lot of obstacles, such as lack of teaching materials, I had tried my utmost to make the best of what I have and worked painstakingly to design each lesson and organize various activities. Due to my efforts, students showed great interest in Mandarin Chinese and Chinese culture. What's more, the number of Chinese class extended to six at one of my host school. There were still more and more students signing up for Chinese class next semester at both schools. On the other hand, thanks to the great success of the Chinese class at both schools, it gained a big name in the whole district. Another school already had decided to offer Chinese next semester. More schools were making preparations to start the Chinese program in the near future.

Because I missed my family so much, I decided to go back home next semester. Honestly, I was loath to say goodbye. If I could have stayed longer, I expected to strive for the further extension and improvement of the Chinese program. Chinese could be introduced to elementary schools, which would lay a fairly solid grounding when the students started learning it at an early age. In the meantime, a complete curriculum would be offered, namely from Chinese one all the way to AP Chinese. By doing so, the students would be well prepared for the 21st century with a global foresight and competitive strength. Moreover, I would organize more field trips for the students. Probably I would take them to China and gave them the chance to experience the unique Chinese culture in person and apply what they had learned to practice. I would also encourage my students to sign up for the "Chinese Bridge" —Chinese Proficiency Competition. They could show their talent and skills, and at the same time proved their achievements.

During this year, the superintendent, school principals, my mentors and all the colleagues had shown prodigious support to my work as well as meticulous care to my life. I was deeply touched and felt very much indebted by all that they have done. They provided me with the chances to observe classes, attend new teachers' orientation, which prepared me for the classroom. When I organized field trips and celebrations for traditional Chinese festivals, they showed enormous support, made good arrangements for me. They invited me to join other teachers' field trips, which helped me gain some experience. As for my life, they accommodated me in an ideal way, which gave me the opportunity to improve my English and get to know what's going on in the daily life of American people there. I also made a lot of new friends who took me to school games and cared about my spare-time occupations.

In the meantime, American students left an indelible impression on me. They were passionate, optimistic, vivacious, smart and creative. We got on very well with each other and became good friends. They showed great interest in the Chinese class. They were always curious about China and always ready to raise questions. They worked hard and made amazing progress.

From my perspective, the biggest challenge was classroom management. Different from Chinese students, American students tended to be in the habit of going their own ways. They would not easily observe rules and follow orders docilely. It took me a long time to get used to the American students and their attitude. It might not be advisable to be too loose in teaching. You had to be strict with them from the very beginning and grasped more skills for running the class effectively in the orientations. Very often, you needed to seek the assistance from your principals and colleagues. You had to deal with the case with wisdom and caution.

During this year, I attended a large number of orientations, including the pre-departure orientation conducted by Hanban and

College Board, new teachers' orientation from my school district and various workshops from my host schools, professional development provided by the center for international understanding of the university of North Carolina, etc. I benefited a great deal from them. Those excellent lectures by famous experts and experienced teachers helped me avoid making quite a few detours in my work. What impressed me the most was the Professional Development offered by Professor Wu Weilin. Action study, which made her lectures unique, gave us chances to find, analyze and finally solve problems in classroom teaching practice. With a clear aim, we were able to give the right prescription for our own problems and gained professional knowledge and skills that we needed the most.

| attending the orientation of Cabarrus County Schools (August 12th, 2010, NC Concord) | attending UNC teacher professional development courses (March 13th, 2011, NC Raleigh) |

attending the orientation of
Cabarrus County Schools
(August 12th, 2010, NC Concord)

attending UNC teacher professional
development courses
(March 13th, 2011, NC Raleigh)

If there was anything that was beyond my expectation, I shall say the loneliness in your life. With no company of your family and friends, sometimes you would feel lonely and even helpless while facing difficulties and in holiday times.

During this year, I had a lot of sweet memories at both of my host schools. The "white lie" was one of them. On march 17th, my principal at high school told me that there would be a meeting after school. Actually, when I went to the Cafeteria, I eventually understood that she secretly planned a birthday party and celebrated it for me with all the teachers at our school. I was moved to tears at that time. I was so proud of being a Cox Mill Charger and a Harris Road Patriot. On the Chinese New Year's Day, my host schools gave me their best wishes. I always remember these happy moments with gratitude.

When the whole school year was coming to an end, both of my host schools presented me with some awards. They prepared both exquisite plaques and gifts for me in honor of my great work and amazing achievements this year. The Cabarrus County Board of Education held a meeting for me. The board members received and shook hands with me, recognizing my work and contribution. I was overwhelmed by all these unexpected honors.

school district recognition meeting
(June 14th, 2011, NC Concord)

Hanban and College Board have done a fabulous job for the program and all the Chinese Guest Teachers. As for those new guest teachers, I have three pieces of advice for them:

First of all, spare more time reading books on American education and schools so as to adapt to the new environment quickly. With the help of internet and veteran teachers, find more information about the place that you are going to stay, such as the weather, the transportation and the local customs. Get ready for the life there next year.

Then, learn to be tolerant and humble. Be ready for difficulties both physically and mentally. Living alone in a foreign country is not easy. In addition to making more friends, one also should learn to forgive and be magnanimous. In face of difficulties, never lose heart. Remember there are always a lot of friends around you who are ready to help you out.

Furthermore, adopt a serious attitude towards the pre-departure orientations. You can never imagine how helpful and valuable they are until you arrive in the U. S. You should predict more problems you will possibly come across in America and think of some practical ways to deal with them beforehand.

What's more, learn to cooperate with others. Keep in touch with other Chinese Guest teachers in different states. Share ideas and materials at hand and help each other if needed. You are also supposed to cooperate with those American teachers at your host school. As a Chinese saying goes, "a close neighbor means more than a distant relative. " They are usually friendly and are quite familiar with the education in America and will definitely offer you help to the point.

Last but not least, spend more time with family before departure.

Be prepared to the situation of feeling lonely in some cases. Of course, with the development of technology, you can keep in touch with your family through computer and telephone.

附录 B　美国媒体报道

1. 美国北卡罗来纳州 Cabarrus County 主流日报 2010 年 9 月 8 日的报道

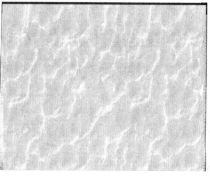

The local voice of Greater Cabarrus County

Wednesday, September 8, 2010

Instructor Dan Liu works with his students during a Mandarin Chinese class at Harris Road Middle School Friday afternoon. Liu is a guest teacher at both Harris Road and Cox Mill High School through an educational partnership with the Center of International Understanding.

A study in culture

Harris Road Middle, Cox Mill High debut Mandarin Chinese classes

By Jessica Groover
groover@independenttribune.com

CONCORD — Just a few weeks into the school year, more than 20 students at Harris Road Middle School were in their first level Mandarin Chinese class greeting each other and their teacher in the language.

As the students said the Mandarin Chinese phrases correctly, they received two thumbs up and a smile from their teacher Dan Liu.

Liu is a guest teacher at Harris Road and Cox Mill High School where several classes of students are enrolled in Mandarin Chinese.

Both schools are able to offer Mandarin Chinese through an effort by the University of North Carolina's Center for International Understanding.

Through the center, Harris Road and Cox Mill are two of 16 schools in the state where guest teachers from China have assignments for up to three years.

The effort is known as Confucius Classrooms and also involves a partnership with a Chinese school so students from both countries can work on projects together and learn about each other's culture.

Each participating school is responsible for some of the cost of the guest teacher's

SEE CLASS, A4

Chinese character on the white board.

TAKE A LOOK INSIDE DAN LIU'S MANDARIN CHINESE CLASS AT HARRIS ROAD MIDDLE SCHOOL ONLINE AT INDEPENDENTTRIBUNE.COM

2. 美国北卡罗来纳州 Cabarrus County 主流日报 2010 年 9 月 12 日的报道

Busting a move for science

I've been doing it wrong all these years. I should have been moving my neck with more variability, according to researchers at Northumbria University, while I mistakenly believed it was my duty to shake the booty.

A team at the university in Newcastle-upon-Tyne, northeastern England, studied female reactions to male dance moves to determine which ones the ladies found most attractive. The study is outlined in the latest issue of the journal Biology Letters.

Here is a portion of the abstract: "Male movements serve as courtship signals in many animal species, and may honestly reflect the genotypic and/or phenotypic quality of the individual. Attractive human dance moves, particularly those of males, have been reported to show associations with measures of physical strength, prenatal androgenization and symmetry."

Frankly, I don't see any of the Northumbria researchers getting lucky on a Saturday night at the Starlite Lounge off Route 29.

"Hey, baby, what say you chug that Bud and we step out on the dance floor so you can reflect on my phenotypic quality and we'll see if we can't stir us up some androgenization. No? Well, thanks anyway."

But lead researcher Nick Neave believes the findings could benefit mankind.

"This is the first study to show objectively what differentiates a good dancer from a bad one," Neave said in a statement. "Men all over the world will be interested to know what moves they can throw to attract women."

In the study, researchers recorded 19 danc-

SCOTT HOLLIFIELD
Media General News Service

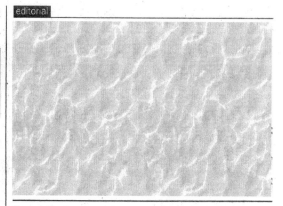

editorial

Food allows recognition of fortune

By Gerry Dionne

I was 18-months-old, crawling on the wide pinewood flooring of my parents' restaurant on New Hampshire's coast, Ye Cocke & Kettle (I know — spare me). It was the off-season, winter 1949 — less likelihood my hand would be stepped on by some pain-in-the-neck customer.

Tiny knees were beginning to hurt a little. I had traveled a wide, slightly warped swathe of wood planking. Still on all fours, I

of chewing gum planted firmly on the underside of the tables and chairs. These creaking floor boards were very old — the house qua restaurant was built in 1821.

Accordingly, the nails securing them had no heads as modern wood nails typically do. To a not-yet-walking me (hey, I'm not the only late bloomer out there), the nails appeared in two guises; either slightly protuberant shinies that tasted of metal, or recessed fuzzy brown-green endlessly fascinating

warped any child, no matter how old the soul. Lobster thermidor, lobster pie the main ingredient being lobster), boiled lobster, baked stuffed lobster, lobster newburg, lobster bisque; and at lunch, lobster roll — no lobster, no silly mayo. Just large, warm chunks of lobster meat overstuffing a buttered and grilled hot dog roll. I didn't know what bologna was until they sloughed me off to the snotty New England prep school in 1961.

I have few childhood memories that aren't flavored

cream pie, peppermint stick ice cream parfait. Grainy "Indian" pudding with whipped cream. Laura baked the yeast rolls and cinnamon buns. I lost twelve pounds over an eight-week summer camp session on Lake Winnipesaukee.

Food isn't food. It isn't nourishment. Nor is it something with which to pass the time. It isn't a saffron-robed monk walking in the snow. No, food is breathing. Food is sex. Food is consciousness of self; the proof that we are amazingly fortunate to be

3. 美国北卡罗来纳州 Harrisburg 地区报纸 2010 年 9 月 15 日的报道

Each participating school is responsible for some of the cost of the guest teacher's salary, which is about $70,000 during the three-year period. Cabarrus County Schools said.

The agreement to bring the effort here is through the Center for International Understanding and Hanban, a group associated with the Chinese Ministry of Education, and it is coordinated nationally by the College Board, the school system said.

Jim Williams, principal at Harris Road, and Todd Smith, principal at Cox Mill, said they first heard about the program at a principal's meeting in January. At the meeting, the system said it was looking for a feeder middle and high school to offer the program.

"After the meeting, Todd and I said we'd be interested, and they selected us to be the pilot," Williams said. "It's some-

DUSTY PRICE
student in Dan Liu's class at Harris Road

thing kids will be asking for."

Both schools have classes of about 25 students now and so far, at least 15 enrolled in several classes next semester.

"As they are hearing about it, we are getting more (who are) interested in it," said Deborah Bost, assistant principal of instruction at Harris Road. "Students are very excited about being in his class."

Williams said it is Liu's enthusiasm and engaging manner that makes the class especially enjoyable for students.

Smith agreed and said students at Cox Mill are already asking about taking third and fourth levels of Mandarin Chinese.

And after a visit to China, staff members for both schools have already learned some of the other benefits the students will reap.

Administrators within the participating school systems visit China as part of the effort.

Superintendent Barry Shepherd visited China in December, and Williams and Bost were among the administrators who visited China in June. Smith will travel there within the next year.

Williams said his visit to China was when he really saw how beneficial the classes would be for students to be competitive in a global, economic society.

"We can speak about the importance of this program with conviction," Williams said.

Smith said he also knows the importance of the program.

"The 21st century is all about collaboration," Smith said. "Being able to offer this program to students and staff is a perfect way to talk about 21st

in Liu's classes have learned about topics such as Chinese calligraphy and martial arts, in addition to learning the language.

"They show great interest in this class, which gives me great confidence," Liu said. "They are very eager."

In his time here, Liu said one difference he has noticed between Chinese and American students is that, in China, students are a little shy and need to be inspired to raise their hands.

"The Chinese students should learn to be more active and open," Liu said.

In the U.S., he said the

One of the similarities between the education systems in both countries is that the students are at the center of everything, he said.

Liu has been an English teacher in China for five years, and went through interviews and tests before being one of about 100 chosen to participate in the program.

Part of why he wanted to be a guest teacher was because of his interest in American culture and the opportunity to visit the U.S.

"(It was a) chance to broaden my horizons and a chance to make contributions to Sino-American

nese," said Dusty Price, an eighth-grade student enrolled in Liu's class at Harris Road. "It's better to learn."

He said he also enjoys learning the Chinese characters and culture.

His classmate, eighth-grader Emma Baker agreed.

She thought the class sounded fun when she enrolled and wanted to do something different.

"If you went to China, which I did, you would really have to know the language," Baker said. "It's a great opportunity."

• Contact reporter Jessica Groover: 704-789-9152

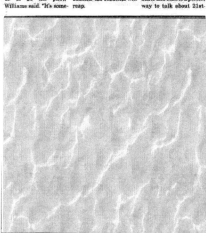

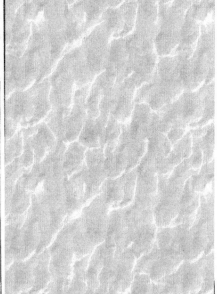

4. 美国北卡罗来纳州 Cabarrus County 学区杂志的报道

CCS Welcomes Chinese Guest Teacher

For the first time this fall, students at Cox Mill High School and Harris Road Middle School will begin classes that teach them how to speak Chinese.

These two CCS schools are part of a network of 16 schools in 12 school districts in North Carolina welcoming guest language teachers from China through the Center for International Understanding.

Dan Liu, the guest teacher for Cox Mill and Harris Road, was among the 16 educators who arrived in North Carolina in August. The guest teachers have assignments for up-to-three-years in North Carolina.

"Harris Road Middle School is very fortunate to be able to participate in this unique opportunity," said Dr. Jim Williams, principal of the school. "An individual who is fluent in both the English and Chinese languages will be able to communicate with more than half of the world's population. Therefore, offering Mandarin Chinese as a course option will allow our students to be competitive in an increasingly global society."

Todd Smith, principal at Cox Mill High School, echoes his excitement. "Cox Mill High School is very excited about the wonderful opportunities this program brings to our students, staff, and community. This program also supports our school's vision of 'utilizing 21st century strategies and technologies in order to graduate students who will be globally competitive in post-secondary education and / or the workplace.' "

The University of North Carolina's Center for International Understanding (Center) coordinates this statewide effort known as Confucius Classrooms. In addition to teaching Chinese, each North Carolina Confucius Classroom is

partnered with a Chinese school to promote multi-national learning experiences. Students will work together on joint projects using technology and some will meet face-to-face through student exchanges. At the same time our students are learning Mandarin, students in China are studying English and learning about American culture.

Superintendents, principals and teachers from the participating North Carolina schools traveled to China during the past year to learn about China's history, culture and education system. They visited their partner schools in Jiangsu province in eastern China. The N.C. Board of Education has had an educational agreement with Jiangsu province since 2008 supporting the value of this international school partnership work.

Gov. Beverly Perdue joined North Carolina superintendents in April to announce this new education partnership.

Confucius Classrooms and supporting partnership activities give North Carolina students the opportunity to work across cultures and across time zones. Both are necessary job skills for success in the 21st century work environment. Nearly one-third of the world's people, 31 percent, speak Chinese.

"In today's interconnected, global economy, being globally competitive means first knowing how to communicate and collaborate with the world," said the Center's Matt Friedrick, Director of K-12 Education Programs. "This program is literally bringing the world into our classrooms."

The agreement to bring Confucius Classrooms to North Carolina is between the Center and Hanban, an organization associated with the Chinese Ministry of Education to promote Chinese language and culture learning overseas. The effort is coordinated nationally by the College Board, a not-for-profit membership association whose mission is to connect students to college success and opportunity.

The Center for International Understanding is part of the University of North Carolina system. Based in Raleigh, its mission is to promote global competence and awareness among North Carolina's current and future leaders.

附录 C 美国学校评价

1. 美国 Cox Mill 高中校长写给美国大学理事会的推荐（表彰）信

Cox Mill
High School

1355 Cox Mill Road
Concord, NC 28027
704.788.6700
704.788.1112 fax

Cabarrus
County Schools

Todd Smith
Principal

June 24, 2011

Dear College Board Staff:

It is my pleasure and honor to write this letter for Dan Liu. Mr. Liu was our guest teacher this past school year. I must say, he has surpassed our highest expectations for our program!

Mr. Liu is an exceptional educator. Every time I went into his classroom, the students were actively engaged. On any given day, an observer would find students speaking to each other and Mr. Liu in Chinese as well as hands on activities related to the Chinese characters. Our school is fortunate to equip all classrooms with a Smart Board and Mr. Liu utilized it daily. Our Superintendent, Dr. Barry Shepherd, visited Mr. Liu's classroom last fall and commented on how much the students in the classroom were speaking Chinese.

I can honestly say Mr. Liu never had any discipline issues with our students. I believe his ability to form relationships with students and engage them in lessons contributed to the smooth transition to the American classroom. There were all types of students in Mr. Liu's classroom. Students ranged from our top students to students who had academic difficulties and students who had been suspended for behaviors the year before. All of his students were very successful and well behaved.

Our Chinese Language program has grown from two classes of Chinese I this past school year to four Chinese I sections and two Chinese II sections for the 2011-2012 school year. Mr. Liu is the reason our program has done so well. Cox Mill High School will truly miss Mr. Liu next year. He clearly deserves the recognition of Outstanding Performance for his time at our school

Kindest Regards,

Julia Erdie
Assistant Principal of Instruction
Chinese Language Program Coordinator

An Equal
Opportunity Employer

2. 美国 Harris Road 初中校长写给美国大学理事会的推荐（表彰）信

Jim Williams
Principal
Tim Edwards
Assistant Principal
Gloria Hawks
Assistant Principal
Deborah Bost
Assistant Principal Instruction

Cabarrus
County Schools

Harris Road Middle School
1251 Patriot Plantation Blvd
Concord, NC 28027
704-782-2002 Phone
704-262-4298 Fax

June 30, 2011

Dear College Board Staff:

It is with great pleasure and privilege that I write this letter for Mr. Dan Liu. Mr. Liu was Harris Road Middle School's guest Mandarin Chinese teacher for the 2010-2011 school year. Mr. Liu was a teacher of excellence for our students! He provided our students with not only the benefit of learning a foreign language but also the in-depth understanding of China's culture and its country.

Mr. Liu served as an engaging educator. As observers in his classroom, our administrators and his mentor always spoke very highly of our student's active engagement in the lessons and the accompanying activities. Observers also noted students speaking to each other, speaking to Mr. Liu as well as role- playing activities, all in Mandarin Chinese. Our school is equipped with Smart Boards for teachers to use and Mr. Liu utilized his with both of his Mandarin Chinese classes.

Mr. Liu's interaction with students in his classes and his ability to relate to our students was remarkable. This interaction and ability to relate to the many varied academic level of students contributed to a smooth transition to America for Mr. Liu and academic success for our students. Harris Road staff and students benefitted from Mr. Liu's sharing his country's culture and its customs with us all.

Our Chinese language program, at Harris Road Middle, has grown in numbers for the 2011-2012 school year. Mr. Liu is the reason we proudly show an increase in student enrollment in the Mandarin Chinese year-long as well as the semester class. Harris Road Middle School will miss Mr. Liu next year and we wish him well in his future endeavors. Mr. Liu is a teacher of excellence and deserves the recognition forthcoming for his year at Harris Road Middle School.

Sincerely,

Deborah Bost

Deborah Bost

Assistant Principal of Instruction/ Site Chinese Language Coordinator

Building a Tradition of Academic Excellence and Character

3. 美国 Cox Mill 高中对笔者的满分评价表

Form B: Performance review Form for Volunteer Chinese Teacher

Name of School Cox Mill High School   Aug 2010 - June 2011

Name of Volunteer Dan Liu   Duration of Service to - Full school year

Categories	Rank		Rating
Professional Knowledge	Ⓐ distinction (9-10)	B. with credit (7-8)	10
	C. adequate (6)	D. not adequate (-2——5)	
Teaching skills	Ⓐ distinction (9-10)	B. with credit (7-8)	10
	C. adequate (6)	D. not adequate (-2——5)	
Quality of Teaching	Ⓐ distinction (9-10)	B. with credit (7-8)	10
	C. adequate (6)	D. not adequate (-2——5)	
Work Attitude	Ⓐ distinction (9-10)	B. with credit (7-8)	10
	C. adequate (6)	D. not adequate (-2——5)	
Teamwork spirit	Ⓐ distinction (9-10)	B. with credit (7-8)	10
	C. adequate (6)	D. not adequate (-2——5)	
Compliance with school regulations	Ⓐ distinction (9-10)	B. with credit (7-8)	10
	C. adequate (6)	D. not adequate (-2——5)	
Student feedback	Ⓐ distinction (9-10)	B. with credit (7-8)	10
	C. adequate (6)	D. not adequate (-2——5)	
Cross-cultural Adjustment	Ⓐ distinction (9-10)	B. with credit (7-8)	10
	C. adequate (6)	D. not adequate (-2——5)	
Interpersonal Communication skills	Ⓐ distinction (9-10)	B. with credit (7-8)	10
	C. adequate (6)	D. not adequate (-2——5)	
Organization of or participation in school activities	Ⓐ distinction (9-10)	B. with credit (7-8)	10
	C. adequate (6)	D. not adequate (-2——5)	
Total			100

Signature of school supervisor: Juli Ellis

Mr. Liu was outstanding here at   Date: 6-3-11
Cox Mill! We will miss him next year!

10

4. 美国 Harris Road 初中对笔者的满分评价表

Form B：Performance review Form for Volunteer Chinese Teacher

Name of School **HARRIS ROAD MIDDLE**

Name of Volunteer **Liu DAN "BENNY"** Duration of Service **August 25, 2010 - June 9, 2011**

Categories	Rank		Rating
Professional Knowledge	A . distinction (9-10)　C . adequate (6)	B . with credit (7-8)　D . not adequate (-2——5)	10
Teaching skills	A . distinction (9-10)　C . adequate (6)	B . with credit (7-8)　D . not adequate (-2——5)	10
Quality of Teaching	A . distinction (9-10)　C . adequate (6)	B . with credit (7-8)　D . not adequate (-2——5)	10
Work Attitude	A . distinction (9-10)　C . adequate (6)	B . with credit (7-8)　D . not adequate (-2——5)	10
Teamwork spirit	A . distinction (9-10)　C . adequate (6)	B . with credit (7-8)　D . not adequate (-2——5)	10
Compliance with school regulations	A . distinction (9-10)　C . adequate (6)	B . with credit (7-8)　D . not adequate (-2——5)	10
Student feedback	A . distinction (9-10)　C . adequate (6)	B . with credit (7-8)　D . not adequate (-2——5)	10
Cross-cultural Adjustment	A . distinction (9-10)　C . adequate (6)	B . with credit (7-8)　D . not adequate (-2——5)	10
Interpersonal Communication skills	A . distinction (9-10)　C . adequate (6)	B . with credit (7-8)　D . not adequate (-2——5)	10
Organization of or participation in school activities	A . distinction (9-10)　C . adequate (6)	B . with credit (7-8)　D . not adequate (-2——5)	10
Total			100

Signature of school supervisor: Deborah Best Assistant Principal of Instruction

Date: 6-27-11.

Excellent Teacher ... we will miss Ben at Harris Road Middle School next year.

10

附录 D　荣誉和证书

1. 中国国家汉办（教育部中外语言交流合作中心）赴美汉语教师志愿者证书

2. 美国大学理事会杰出表现证书

3. 美国 Cabarrus County 学区和 Cox Mill 高中杰出贡献奖牌

4. 美国 Cox Mill 高中"当月之星"奖牌

5. 美国 Harris Road 初中杰出贡献奖牌

6. 美国北卡罗来纳州教师资格证书

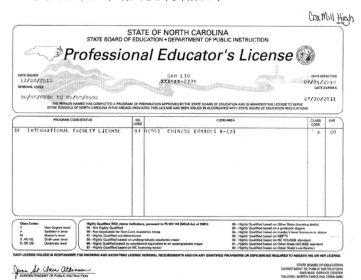

Cox Mill High

STATE OF NORTH CAROLINA
STATE BOARD OF EDUCATION • DEPARTMENT OF PUBLIC INSTRUCTION

Professional Educator's License

DATE ISSUED 12/08/2010
DAN LIU
XXX-XX-0735
DATE EFFECTIVE 07/21/2010

RENEWAL CYCLE
DATE EXPIRES 07/20/2011

08/00/0000 TO 00/00/0000

THE PERSON NAMED HAS COMPLETED A PROGRAM OF PREPARATION APPROVED BY THE STATE BOARD OF EDUCATION AND IS AWARDED THIS LICENSE TO SERVE IN THE SCHOOLS OF NORTH CAROLINA IN THE AREA(S) INDICATED. THIS LICENSE HAS BEEN ISSUED IN ACCORDANCE WITH STATE BOARD OF EDUCATION REGULATIONS.

PROGRAM CODE/STATUS	NO. CODE	CODE/AREA	CLASS CODE	EXP
IF INTERNATIONAL FACULTY LICENSE	87 0G551	CHINESE (GRADES K-12)	A	00

Class Codes:
V - Non-Degree level
A - Bachelor's level
M - Master's level
S, AP, AG, - Sixth-year level
D, DP, DS - Doctorate level

Highly Qualified (HQ) status indicators, pursuant to PL.107-110 (NCLB Act of 2001):
90 - Not Highly Qualified
99 - Not Applicable for Non-Core Academic Areas
97 - Highly Qualified not determined
88 - Highly Qualified based on undergraduate academic major
89 - Highly Qualified based on coursework equivalent to an undergraduate major
87 - Highly Qualified based on NC licensing test(s)

86 - Highly Qualified based on Other State licensing test(s)
85 - Highly Qualified based on a graduate degree
84 - Highly Qualified based on master's level licensure or above
83 - Highly Qualified based on NBPTS
92 - Highly Qualified based on NC HOUSSE standard
91 - Highly Qualified based on Other State HOUSSE standard
81 - Highly Qualified based on Other State's standard
80 - Highly Qualified based on Other State's verification

EACH LICENSE HOLDER IS RESPONSIBLE FOR KNOWING AND SATISFYING LICENSE RENEWAL REQUIREMENTS AND/OR ANY IDENTIFIED PROVISIONS OR DEFICIENCIES REQUIRED TO REISSUE HIS OR HER LICENSE.

June St. Clair Atkinson
SUPERINTENDENT OF PUBLIC INSTRUCTION

STATE BOARD OF EDUCATION
DEPARTMENT OF PUBLIC INSTRUCTION
6365 MAIL SERVICE CENTER
RALEIGH, NORTH CAROLINA 27699-6365

7. 美国加利福尼亚大学洛杉矶分校（UCLA）培训证书

CollegeBoard
inspiring minds

NCSSFL
National Council of State Supervisors for Languages

Certificate of Completion

Liu Dan 刘丹

**Has successfully completed the fifty-hour Chinese Guest Teacher Summer
Institute on effective instructional strategies for the teaching of Chinese
language and culture.**

University of California, Los Angeles
July 22 –29, 2010

Susan Pertel Jain, Ph.D.
Executive Director
UCLA Confucius Institute

Carol Choong, Associate Director
The College Board

Ruta Couet, President
National Council of State Supervisors for Languages

STARTALK
Start Talking!

ucla
confucius
institute

Hanban

国家汉办/孔子学院总部
Hanban/Confucius Institute Headquarters

8. 美国北卡罗来纳大学教师专业发展进修证书

THE CENTER *for* INTERNATIONAL UNDERSTANDING

Learning from the world
in service to the people of North Carolina

Liu Dan

is hereby awarded this certificate for successfully completing

North Carolina Confucius Classrooms &
Professional Development Program
2010-2011

THE CENTER *for*
INTERNATIONAL
UNDERSTANDING
The University of North Carolina

Matt Friedrick
Director of K·12 Programs

后　记

经过近一年时间的反复修改和完善，全书终于定稿完成了。这是我人生中的第一本个人专著，倾注了多年的所学与所思，不免敝帚自珍。虽然这些年笔耕不辍，在教学科研方面甚是努力，也取得了一些成绩，已有 9 篇高质量的论文被人大复印报刊资料《中学外语教与学》和《小学外语教与学》全文转载，但出版一本学术专著，于我而言，无疑是一次全新的挑战。

仍然记得浙江省高中英语教研员葛炳芳老师对我的教诲，学术研究要有聚焦，坚持不懈、持之以恒；始终铭记湖州中学原校长吴维平老师对我的嘱托，专业成长要发挥优势，取长补短、博采众长。于是，这些年，我一直将自己的研究兴趣锁定在国外教育和比较教育研究上。得益于自己的英语专业学科背景，并有幸在美国、新加坡和韩国等地学习交流，我打开了一扇了解世界的窗户，培养了国际视野。多年前，在整理从美国带回来的视若珍宝的各种原版学习资料时，无意中被《北卡罗来纳州教师评价过程》一书深深吸引，前后细细品读不下数十遍，每每都有新的收获。回忆自己当年在美国全程参与教师评价过程的亲身经历，瞬时茅塞顿开、沉浸其中，本着"板凳要坐十年冷"和"十年磨一剑"的想法，全身心投入思考与研究中。直到在宁波大学就读教育硕士研究生时，根据导师刘剑虹书记的意见，当即就定下了硕士论文的研究主题——北卡罗来纳州的中小学教师评价体系。在导师的悉心指导下，研究工作进展顺利，最终在答辩中得到专家学者的"优秀"评定。

2015 年，当我走上校级领导岗位后，很快转变角色，更多地从校长的视角思考工作，也逐渐对校长工作及其评价产生了兴趣。布莱希特曾说"思考是人类最大的乐趣"。乐于思考、勤于思考、善于思考，是我的不懈追求。我又一次回想起当年在美国的工作经历，自己作为学区的国际事务联络员，也参与了对当时工作学校几位校长的评价过程，于是，又一次潜心研究的旅程开始了。有了之前的经验，研究工作稳步推进。正所谓"学以致用"，对校长评价的研究也为自己的教育管理工作提供了很多有益的借鉴和启示，促进了自身的成长和进步。

于是，就有了本书的雏形。2020 年，我顺利获评湖州市"南太湖本土高层次人才特殊支持计划"教育领军人才，得到了市里人才政策的支持，更加坚定了我出版这本专著的信心和决心。研究的过程，寂寞却不孤独，辛苦却不心苦，因为热爱，所以执着。结出硕果之时的幸福与快乐，是难以言表的。

值成书之际，我首先要感谢我的硕士导师刘剑虹研究员。刘教授渊博的知识、宽厚的胸襟、严谨的治学态度、精益求精的工作作风都给我留下了深刻印象，他对我的鼓励和关爱，始终是我努力前行的动力。

感谢中国国家汉办和美国大学理事会共同组织的"赴美汉语教师志愿者"项目，让我能够有机会来到美国工作交流和学习提升。真诚感谢所有与我在美国相遇、相识和相知的老师、学生和朋友们。感谢北卡罗来纳州 Cabarrus County 学区、Cox Mill 高中和 Harris Road 初中，感谢北卡罗来纳大学国际交流中心。感谢学区总监、美方校长、我的导师和众多的同事们，我在美国工作、学习和生活期间，他们给了我无微不至的关怀和照顾，我们彼此之间结下了深厚的友谊。这也是我终生难忘的美好回忆。

在本书写作过程中，参考了国内外很多研究成果，在此向有关的学者致以谢意。书中有部分内容，曾发表于全国中文核心期刊《中小学英语教学与研究》和《福建教育》，在此也向杂志编辑表达感谢。也要感谢我名师工作室的学员孟天凡老师、钱心蕾老师和湖州师范学院的张昀昊同学，在解读部分英语原版文件的过程中，他们提供了很多专业意见。

我还要感谢江苏大学出版社对本书的认可与厚爱，特别感谢米小鸽编辑和汪勇编辑，感谢他们在审稿、修改、排版和出版过程中所付出的专业智慧和辛勤汗水。

最后，我要感谢我最亲爱的家人，他们的支持是我写作的力量源泉，他们永远是我最坚强的后盾和最温暖的港湾。

由于本人的研究能力和深入研究的时间有限，书中难免会有疏漏和不恰当之处，敬请各位专家学者、读者朋友批评指正。

2021 年 8 月 17 日

于浙江湖州